JN041346

# 持続可能な
# 社会のための
# 消費者行動

辻 幸恵・岸脇 誠

TSUJI Yukie・KISHIWAKI Makoto

fair
ethical **trade**
consumption
SDGs

東京 **白桃書房** 神田

# はじめに

　2019年末から始まったコロナ禍によって，世界中で生活様式や経済状況の変化が起こった。日本でも外出時にはマスクをすることが当たり前になり，ソーシャルディスタンスをとることも常識のように行われた。これまで「当たり前」であったことが「当たり前」ではなくなり，生活への影響が世界規模で及ぶことがわかった出来事であった。また，お互いが困った時には物資を分配しあうことや，あるいは困っている地域や国に支援することの重要性も実感した。世界的な規模で環境について，病気について，また経済社会について考えるきっかけになったと言えよう。

　そのような中，2020年7月1日からはレジ袋の有料化が始まった。プラスチックの過剰な使用を抑えるために全国レベルで環境対策が開始されたのである。廃棄物削減，資源節約，海洋プラスチックごみ問題，地球温暖化阻止など，環境問題を解決するためのアクションが身の回りから始まったのだ。プラスチックに関しては他にもストローを紙製に，スプーンを木製に，など，企業も努力をするようになった。駅には種類ごとに分別可能なゴミ箱が並び，生活の中でゴミ問題に向き合うことが多くなった。

　消費することに関しても，購買⇒使用⇒廃棄というモノの流れの中で，消費者行動論の研究においては購買や使用に着目されてきたが，近年，廃棄に関する研究も盛んに行われるようになった。消費者の心理においても「使い捨てをしない」という意識が定着した。もちろん，それまでの流れとしても，2004年に真珠まりこ著の『もったいないばあさん』（講談社の創作絵本）が発刊され，その後，シリーズ化されアニメーションにもなるなど，「もった

いない」という気持ちから「使い捨て」をやめるような促しがあったのである。2007 年前後にはエコバッグが注目され，「エコ」ブームも到来した。続いて「断捨離」や「ミニマリスト」という言葉が流行し，不要なものは買わない，所持しないという風潮になったのである。

　このように日本社会が「環境」に着目し始めた頃，世界的な規模で海洋プラスチックごみ問題解消をはじめ，地球温暖化阻止などを具体的に実施する目標として，持続可能な開発目標（SDGs：Sustainable Development Goals）が 2015 年 9 月の国連サミットで採択された。これは 2030 年までに持続可能でよりよい世界を目指す国際目標であり「持続可能な開発のための 2030 アジェンダ」に記載されている。具体的に SDGs は 17 のゴールと 169 のターゲットから構成されている。

　本書では，世界の，そして日本社会の，上記のような大きな流れの中で，消費者目線からの問題解決につながるようなヒントを提供している。たとえば本書で取り上げているプラスチックによる海洋汚染問題は，SDGs の目標の「12：つくる責任つかう責任」，「14：海の豊かさを守ろう」にかかわる問題である。また，フェアトレードは SDGs の目標の，まさに「1：貧困をなくそう」，「16：平和と公正をすべての人に」を実現する上で重要な役割を果たすものである。そして，「2：飢餓をゼロに」，「4：質の高い教育をみんなに」，「5：ジェンダー平等を実現しよう」，「8：働きがいも経済成長も」，「9：産業と技術革新の基盤をつくろう」，「12：つくる責任つかう責任」，「17：パートナーシップで目標を達成しよう」，にも貢献し得る活動である。フェアトレードに取り組む企業の数はもちろん，フェアトレードの活動を推進するクラブやサークルは全国の高校や大学にも確実に増えつつある。もちろんダイレクトにフェアトレードに取り組む団体もあれば，国際交流の一環としてとらえたり，人権問題として法律的な側面からとらえたりする団体もある。どのような形であれ，フェアトレードの商品に対して，好意的にとらえてくれる消費者は増えつつある。なぜならば，おしゃれな雑貨店や身近な街のコーヒーショップでもフェアトレード商品を見かけることが増えたからである。フェアトレードの商品が特別な場所でのみ販売されてきた頃とは異なった環

境になってきたと言えよう。

　本書が，消費社会の変化に伴い，消費者がよりエシカル消費に理解を示せるようなきっかけになればうれしい限りである。

2023 年 7 月

辻　幸恵

岸脇　誠

# 目　次

# 第1章

# 途上国の貧困削減とフェアトレード

## 1. はじめに

　日本では，途上国原産の原材料を使った商品や途上国の労働者によって生産された商品が数多く販売されており，もはや私たちの日常生活はそれらの商品なしでは成り立たなくなっている。その一方で，途上国の生産現場では，労働者が過酷な環境のもと低賃金で働いていたり，学齢期の子どもたちまでもが労働力として駆り出されたりする事例が報告されている[1]。また，先進国で消費者が支払う価格に対して途上国の生産者の取り分があまりにも少なく，貧困状態に陥っている生産者が存在することも問題となっている[2]。

　フェアトレードは，このような状況を改善し，貧困のない社会をつくるために，途上国で生産される商品を適正な価格で取引し，生産者の生活向上を支えようとする活動である。ただし，フェアトレードに参画している主体はそれぞれ独自の理念に従って活動しているため，その目指すところは実に多様である。たとえば，既存の市場を活用し，途上国で生産された商品を販売ルートに乗せるという取り組みがある一方で，既存の市場経済こそが途上国の生産者を苦境に追いやっている原因であるとして市場の仕組みそのものに変革を迫るという活動もある。その意味で，フェアトレードにはそれぞれの立場によって様々な定義が可能であり，どれかひとつが正しいというものではない[3]。

　このように，フェアトレードを推進する各団体の理念は多様であるが，そ

れらは先進国と途上国の経済的不均衡を前提としていて，先進国から途上国に対して何らかの支援，もしくは援助が必要であるという認識は共通している。しかし，従来の支援や援助は，先進国が上から目線で一方的に金や物資を途上国の人びとに恵むという非対称，不平等な関係を反映しており，結果的に途上国の人びとの尊厳を傷つけたり，人びとの自立を妨げたりすることにつながっているとして批判されてきた。また，従来の援助はドナー（援助供与国や国際機関，国際的な NGO など）の資金に依存していることが多く，長期的な持続性は担保されない。これに対して，フェアトレードは，ビジネスとして売り手と買い手の双方が満足する限り交易関係は続き，両者の関係は対等である。以上のように，従来の援助が抱えていた限界を乗り越え，ビジネスとして新たな途上国支援の可能性を切り開こうとするフェアトレードを佐藤（2012）は「援助とビジネスのハイブリッド形態」[4]と表現している。

　本章では，フェアトレードを援助とビジネス，双方の観点から考察した上で，途上国の貧困削減にフェアトレードがいかに貢献し得るのかについて議論する。また，フェアトレードが抱えている問題点を指摘することで，今後の課題を提示する。

## 2. 貧困の悪循環から脱却するために

　第二次世界大戦後，それまで植民地であった途上国が次々と政治的独立を達成し，それぞれの国が開発政策を進めながら経済的な自立も志向するようになった。これらの国々が 1950 年代から 60 年代にかけて直面したのは「貧困の悪循環」である。この概念を最初に提示したヌルクセ（Nurkse, Ragnar）は，途上国では資本形成，すなわち投資が不足しているため，需要・供給の両面から経済成長が阻害されてしまうと説明した。

　図表 1-1 を参照しながら，貧困の悪循環について確認してみよう。まず供給面を見ると，所得水準が低い国では，貯蓄率も低い水準にとどまってしまう。貯蓄率が低いと，資本形成（投資）が十分に行われず，生産性も上がらない。結果的に，その国の生産能力は上がらず，所得は依然として低い水

図表 1-1　貧困の悪循環

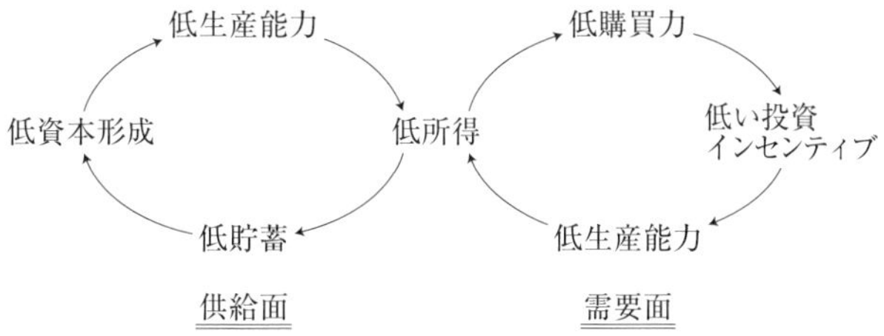

出所：朝元（2006），p.4。

準にとどまってしまう。他方，需要面を見ると，所得の低い途上国では人々の購買力が小さく，多くの売上が見込めないため，企業の投資意欲はそがれてしまう。当然，投資は活発に行われないため，生産能力も低く，それが低所得の原因となる。このように，需要・供給双方の要因から途上国は貧困の悪循環に陥ってしまうのである。

　では，途上国が貧困の悪循環から抜け出すにはどうしたらよいのであろうか。1940 年代後半から 60 年代前半にかけて隆盛を極めた「構造主義」と呼ばれる開発経済学が提示した処方箋は，外部からの援助によって大量の投資資金を途上国に注入するという戦略であった。たとえば，先述のヌルクセは，資本を幅広く異なった産業に対して同時に投下することによって，市場の全面的拡大を目指す「均整成長（balanced growth）」戦略をとるのが望ましいと主張した。資本投下によって新たに設立された諸産業は相互に需要を創出し，その結果，途上国は貧困の悪循環から脱却できると考えたのである[5]。ヌルクセとほぼ同じ時期に，ローゼンスタイン・ロダン（Rosenstein-Rodan, Paul N.）からは「ビッグ・プッシュ」戦略，そしてハーシュマン（Hirschman, Albert Otto）からはヌルクセの「均整成長」戦略を批判する「不均整成長（unbalanced growth）」戦略も提唱されている。これらの戦略はアプローチに違いがあるものの，いずれも大量の投資資金を途上国へ注入するという点で戦略の方向性は共通している[6]。

　このような戦略を反映して，1961 年の国連総会ではアメリカのケネディ大統領（当時）の提案によって途上国全体の経済成長率を年 5 ％にするという目標と，先進国による援助の増額が決議された。この決議は「国連開発の

10 年（United Nations Development Decade）」と呼ばれている。当時，援助の中心となったのは運輸，発電，灌漑，通信などのインフラ部門である。インフラ部門の整備は途上国の経済が発展するための前提条件であり，十分な資本蓄積によって経済成長が軌道に乗れば，成長の恩恵は途上国の隅々にまで行き渡り，貧困は減少すると考えられた。このような想定は，富が貧困層にまで滴り落ちるように行き渡るという意味で「トリクルダウン（trickle down）仮説」と呼ばれている。しかし，世界全体が高度成長を経験した 1960 年代に，先進国と途上国の経済格差は縮小するどころか，むしろ拡大しているという事実が明らかになると，トリクルダウン仮説に疑問が呈されるようになった。それまでの開発戦略にも批判が集まり，援助だけでは途上国の貧困を削減するのに十分ではないという認識が広まったのである。

1964 年には途上国の貿易や経済開発などについて議論する国連貿易開発会議（United Nations Conference on Trade and Development：UNCTAD）が設置され，いわゆる「プレビッシュ報告」が討議資料として提出された。プレビッシュ報告とは UNCTAD の初代事務局長であるプレビッシュ（Prebisch, Raúl）が提出した『開発のための新しい貿易政策を求めて』と題する報告書を指している。プレビッシュはこの報告書で途上国の一次産品輸出の停滞や交易条件の悪化による開発の行きづまりを指摘し，その打開のためには既存の国際貿易体制の構造改革が必要であると主張した。プレビッシュの指導力のもと結集した途上国の代表者たちは，「援助よりも貿易を」[7]というスローガンを掲げて，南北問題解決の必要性を国際世論へ訴えかけた。

フェアトレードの活動はプレビッシュ報告が出される前から実施されていたため，フェアトレードが「援助よりも貿易を」というスローガンを受けて開始されたというわけではない。しかし，途上国の貧困を削減するためには援助だけでは不十分で，途上国に不利益をもたらすような既存の国際貿易体制には改革が必要であるとするプレビッシュ報告の主張はフェアトレードの理念と相通ずるものがある。では，フェアトレードは従来の貿易とどのような点が異なっているのだろうか。次節では，フェアトレードと従来の貿易を比較しながらフェアトレードの仕組みについて見ていくことにする。

## 3. フェアトレードの仕組み

フェアトレード商品は多種多様であるため，商品によって生産・加工のプロセスや流通の仕組みは異なっている。ここでは，話をわかりやすくするため，途上国で生産された農産物を加工せずにそのまま先進国で販売するケースを取り上げる。

図表1-2で生産者の取引方法を比較すると，従来の貿易では生産者が個々に仲買人と取引することが多いのに対して，フェアトレードでは生産者が生産者組合を組織して集団で取引するのが一般的である。立場の弱い生産者が単独で買い手に向き合うのと，皆で結束して対峙するのとでは，価格交渉力に大きな差が生じる。また，貧しい生産者は概して運搬手段を持っておらず，生産物を自ら市場まで持ち込むことが難しいため，従来の貿易では生産物を売る相手が当該地域の仲買人になることが多かった。買い手を選ぶ余地が少ない生産者は，ともすると仲買人に対して不利な立場に追いやられ，生産物は安く買い叩かれることが多い。一方，フェアトレードの場合，生産者組合

図表1-2　従来の貿易とフェアトレードの比較

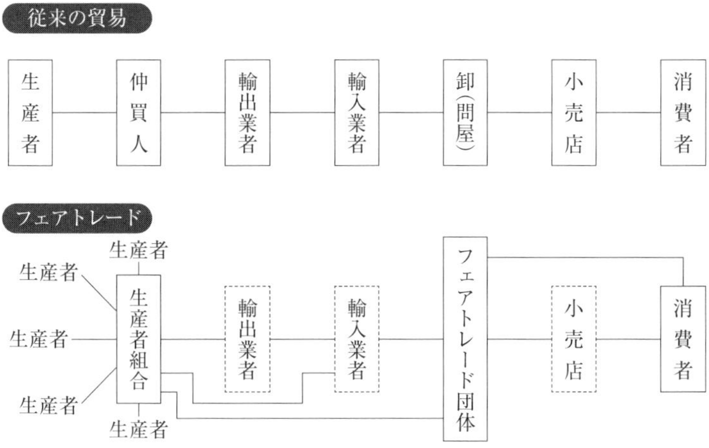

注：点線で囲まれた経済主体は取引によっては存在しないこともあり得る。
出所：渡辺（2010），p.7をもとに筆者加筆修正。

は仲買人を通さないで輸出業者に生産物を売ることができるため，生産者の取り分は従来の貿易よりも増えることになる。生産者組合の中には，自らが仲買人の役割を果たしたり，輸出業務まで行ったりするものもある。

　従来の貿易では，仲買人に買い取られた生産物は輸出業者や輸入業者の手を経て，消費地である先進国に入ってくる。それに対して，フェアトレードの場合は，生産者組合が輸出業者を通さずに，輸入業者へ売ったり，フェアトレード団体に直接売ったりすることが多い。それは先述したように，生産者組合が自ら輸出業務を行ったり，フェアトレード団体が輸出入業務全般を請け負ったりするからである。

　先進国内では，商品が小売店に並ぶまで，通常は卸業者（問屋）が介在する。商品はさらに二次問屋，三次問屋という具合に複数の卸業者を経ることもある。一方，フェアトレードの場合，卸業者が介在することはほとんどない。かつては小売業者も介さず，フェアトレード団体が直接消費者に販売することが多かったが，最近ではスーパーなど一般の小売店に卸すことも増えてきている。

　このように，フェアトレード団体は貿易を行うだけでなく，生産者の組合形成や生産能力向上を支援したり，さらには加工，卸，小売に関わったりと，幅広い活動を行っている。それは，生産者から消費者に商品が届く間の介在者を極力減らすことで中間マージンを最小限にして，生産者の取り分を多くするようにしているからである。

　また，フェアトレード団体は，途上国の生産者が生産物の取引において正当な対価を受け取ることができるように，特別な取引の仕組みを用いている。フェアトレード関係者がすべて同じ仕組みを採用しているわけではないが，フェアトレードの活動で共通しているのは生産者に有利な取引制度を導入しているという点で，その制度は以下の3つの要素から成り立っている[8]。

　第1の要素は，生産者に有利な価格保証制度である。農産物の場合，その価格は市場の需給動向に左右されるため，収穫時にいくらで買い取ってもらえるか，事前に予測することが難しい。これは，零細農民にとっては大きなリスクである。それに対して，フェアトレードでは，どれだけ市場価格が下がったとしても，生産者にはあらかじめ決められた価格での買取が保証さ

れている。この保証価格は，そのときの市場動向に従って決められるのではなく，生産者側の必要性に基づいて決定されるというのが原則である。また，市場価格が保証価格を上回った場合には，市場価格で買い取られることも約束されている。この価格保証制度が市場価格の下落に対するセーフティーネットとして機能することにより，生産者は安心して生産活動に従事できるのである。

　第2の要素は，途上国の生産者に対する前払い金の支払いである。通常の貿易取引では，代金は商品納入後に生産者へ支払われるが，フェアトレードの取引では，生産者が生産に必要なコストをまかなえるよう，必要に応じて代金の一部を前払いする。たとえば，世界フェアトレード機関（World Fair Trade Organization：WFTO）は，商品価格の50%に当たる金額の前払いをフェアトレードの基準のひとつに設定している[9]。途上国の零細農民は，種子や肥料などを購入する資金がなく，金貸し業者から借金をしたり，仲買人から前借りしたりすることが多い。仲買人に前借りした場合は，収穫時に生産物をより一層買い叩かれやすい状況になる。また，作付けのために借金をしても，結果的に不作であれば，収穫物の売上だけで借金を返済することができず，債権者に土地などを取り上げられてしまう恐れもある。しかし，前払い金の支払いによって，途上国の生産者は借金をしなくてもよくなり，資金面のリスクが軽減されるのである。

　第3の要素は，生産物を購入する側が品目ごとに定められた金額を社会開発目的の割増金として生産者組合に支払う仕組みである。この割増金は「フェアトレード・プレミアム」，あるいは「ソーシャル・プレミアム」と呼ばれている。割増金は生産者組合によって管理され，灌漑施設，井戸などのインフラ整備，学校の建設など地域の社会開発のために活用されている[10]。

　以上のように，フェアトレードで利用される取引の仕組みを見てきたが，フェアトレードの基準を満たした商品の買い付けには通常の取引よりもコストがかかる。フェアトレード団体はコストの増加分を小売価格に転嫁することになるが，必然的にフェアトレード商品の小売価格は通常の貿易で取引される同種の商品よりも高くなってしまう。池上（2007）が指摘しているように，フェアトレードの成否は，先進国の消費者が途上国の生産者のために，

あえて価格の高いフェアトレード商品を選択するかどうかにかかっている[11]。

## 4. フェアトレード商品のマーケティングと認証ラベル制度

　日本の消費者はどの程度フェアトレードについて知っているのだろうか。また，実際にフェアトレード商品を購入したことのある消費者はどれ位いるのだろうか。一般社団法人日本フェアトレード・フォーラムは，科学研究費助成事業の研究チームと共に，2019 年 3 月末から 4 月初めにかけて全国の1108 人（15～69 歳）を対象に，フェアトレードに関する意識・行動調査を実施している[12]。この調査によると，フェアトレードの内容まで知っているかどうかにかかわらず，フェアトレードという言葉を見聞きしたことがある人の割合は 53.8％となっており，年代別で見ると 10 代が 78.4％と最も割合が高かった[13]。また，年齢を問わず，フェアトレードを認知している回答者（363 人）のうち，実際にフェアトレード製品を購入したことがある人の割合は 34.4％（125 人）であったのに対して，「特別に行動したことはない」と答えた人は 50.4％（183 人）であった[14]。つまり，フェアトレードのことを知っている人であっても，実際にフェアトレード商品を購入するという行動に至るには何らかの強い動機付けが必要であることがわかる。

　では，消費者にフェアトレード商品を購入してもらうにはどうすればよいのであろうか。通常，消費者は同じ品質のものであれば，より価格の安い商品を選ぶため，何か特別な理由でもない限り，同種の商品よりも価格が割高になるフェアトレード商品は消費者に選んでもらうことが難しい。そこで，フェアトレード商品を販売するためのマーケティング戦略が必要になってくる。その一例がコーズ・リレイティッド・マーケティング（Cause Related Marketing，以下 CRM とする）と呼ばれる手法である。CRM は，社会的課題の解決などの大義を掲げて販売促進を図るマーケティング手法で，商品の売上の一部がその大義のために寄付される[15]。フェアトレード商品の場合，途上国の生産者に，より良い取引条件を提供し，彼（女）らの生活向上を図るというのが大義となり，それに賛同する消費者はその商品を購入して，途

上国の生産者を支援することになる。

　消費者が買い物をする際に，フェアトレード商品を見つける手がかりになるのが国際フェアトレード認証ラベルである。このラベルが貼られている商品は，国際フェアトレード基準に従って認証を受けていることを示している。フェアトレード認証ラベルの歴史は，1980 年代後半にオランダで世界初の認証の枠組みとラベルが考案されたことから始まった。その後，イギリスやドイツ，他の先進国でも同様の制度が採用されている。1997 年には統一認証機構としての国際フェアトレードラベル機構（Fairtrade Labelling Organizations International：FLO）が設立され，乱立状態にあった各国の国内認証ラベルの多くは国際フェアトレードラベル機構のもとで統合されていった。なお，国際フェアトレードラベル機構は現在，Fairtrade International（FI）として活動しており，旧略称の FLO は使われなくなっている（以下，国際フェアトレードラベル機構は FI とする）。

　畑山（2016）は，FI の認証にはふたつの意味があるという[16]。ひとつは「ある商品が FI の基準に従って生産された」ことを証明することと，もうひとつは「その商品が FI の基準に従って適正な流通過程を経由している」ことの証明である。前者は商品の生産者に対する認証によって，後者は商品の取引，流通に携わる企業や団体に対する認証によって証明される。

　前者の認証においては，生産者組織や農園が申請を行い，それが FI の定めるフェアトレード基準に合致しているとみなされれば，認証が与えられる。フェアトレード基準は中核項目と発展項目のふたつに分けられている。中核項目はすべてを満たさなければならないが，発展項目に関しては全体の総合平均で評価される。発展項目に関しては生産者自身がどの分野に重点を置くかを選択できるため，組織や地域に最も適した方法をとれるようになっている。

　FI の認証を受けた生産者組織の産品が最終製品となるまでには，輸出入業者，加工業者などいくつかの企業や団体が関与する。そこで，商品が FI の基準に従って適正な流通過程を経由していることを証明する後者の認証が必要になる。FI は介在する企業や団体を取引従事者として 6 つのカテゴリーに分類している。すなわち，①生産者，②現地加工業者，③輸出業者，④輸入

業者，⑤製造業者，⑥卸業者である。認証を申請する企業や団体はそれぞれカテゴリー別に申請し，FI の基準を満たしていれば，6 つのうちいずれかの，あるいは複数の役割を担う資格を得ることができる。これに対して，フェアトレード商品を販売する小売業者の資格は認証ではなく，ライセンス契約という形態をとっている。小売業者の場合には基準はほとんど存在せず，ライセンス料を FI に支払えば，フェアトレード商品を販売できる。

　以上のようなフェアトレード認証ラベル制度が整備されたことによって，それまではフェアトレードに関わってこなかった一般企業が続々とフェアトレードに参入するようになった。たとえば，フェアトレード商品の最大の消費国であるイギリスでは，2000 年にスターバックス（Starbucks）がフェアトレード認証コーヒーの調達を開始し，一部の店舗で販売するようになった。また，2001 年にはイギリス国内最大手のスーパーであるテスコ（TESCO）が FI 認証のチョコレートの販売を開始した。このような動きはイギリス以外の国，そして他の企業にも波及し，中には，特定の品目，たとえばチョコレートをすべてフェアトレード商品に切り替えるという企業も登場している[17]。

　国際フェアトレード認証ラベルによって消費者は多くの商品の中からフェアトレード商品を見つけやすくなると同時に，フェアトレード商品の売上も急激に増加した。FI 認証ラベル商品の販売額は 2000 年には約 3 億 3500 万ユーロであったが，2010 年には約 43 億 6100 万ユーロまで増加している[18]。フェアトレードを推進している団体の中には，FI の認証ラベル制度に賛同せず，独自にフェアトレード商品を販売しているものもある。そうした認証ラベルを使用しないフェアトレード商品の販売額も 2000 年代以降伸びてきてはいるものの，販売数量や販売規模，成長率の観点から見ると，FI 認証ラベル商品はフェアトレード商品の中で圧倒的な存在になっている[19]。

　このようにフェアトレード商品が市場の中で一定の地位を占めるに至ったのは，大手企業がフェアトレードに参入し，そのことを通じて消費者にもフェアトレード商品の存在が目に付きやすくなったからである。しかし，大手企業が FI 認証やライセンスを取得し，フェアトレード商品を取り扱うことに関しては，フェアトレード関係者の中でも否定的な意見が多い。なぜな

ら，大手企業はこれまで途上国で生産された原材料を安く調達することで，利益を得てきたと見られているからである。それが一転して，フェアトレード認証を受けることで，自社が途上国の貧困問題に配慮している良心的な企業であるというイメージを消費者に植え付けようとしているのではないかという疑念が否定的な意見の背景には存在する。

　2005 年に大手食品・飲料会社のネスレ（Nestlé）がインスタントコーヒーでフェアトレード認証を受け，ラベルを使用することになったときには，認証を与えることに多くの反対意見が出された。なぜなら，ネスレは途上国における無責任な粉ミルク販売によって多くの子どもたちを死に至らしめたとして，長年，消費者や NGO から不買運動を起こされてきたからである[20]。ネスレは 1960 年代にアフリカやアジアの途上国へ進出し，「粉ミルクを飲めば健康な子供になる」という宣伝文句で自社の粉ミルクを現地で販売した。多くの母親が粉ミルクを購入したものの，途上国には清潔な水や煮沸するための設備がなかったため，粉ミルクを汚れた水で溶かすしかなかった。その結果，多くの子どもは下痢性疾患にかかってしまったのである。粉ミルクそのものに問題があったわけではないが，ネスレは消費者の生活環境に対する配慮を欠いたまま商品を販売したとして批判されることになった。

　国際フェアトレード認証ラベル制度によって，どの企業も認証さえ受ければ，途上国の生産者を支援するためにフェアトレードを推進しているというお墨付きが得られるようになった。もし企業がフェアトレードのラベルを商品に貼ることで自らの不祥事を隠蔽し，批判を免れようとするようなことがあれば，消費者のフェアトレードに対する信頼は失墜してしまう恐れがある。したがって，フェアトレードの活動やその商品が本当に途上国の生産者の生活改善につながっているかどうか検証する作業は不可欠であると言える。

## 5.　おわりに

　はたしてフェアトレードは途上国の生産者の貧困削減や生活向上に貢献しているのだろうか。この疑問に答えるべく，これまで各国の研究者たちが途

上国でフィールド調査を実施し，数多くの研究成果が発表されている。これらの研究を分析したニコルズ（Nicholls, Alex）とオパル（Opal, Charlotte）は，すべての調査結果においてフェアトレード市場へ販売している生産者の収入が（そうではない場合よりも）高くなっていると総括している[21]。また，フェアトレードによって増えた収入はすべて生産者に分配してしまうのではなく，生産者組合に蓄えることで，教育や保健医療，有機栽培への転換や品質向上のための技術指導などにも活用されているという。このように，フェアトレードの好影響は個々の生産者の収入面だけにとどまらず，生産技術の向上や地域社会の発展に至るまで広範囲に及んでいるというのがニコルズとオパルによる評価である。

　しかし，その後もフェアトレードに関する事例研究が積み重ねられていくにつれて，ニコルズとオパルの評価が甘すぎるのではないかという指摘も散見されるようになってきた。箕曲（2014）によると，フェアトレードは生産者の収入を増加させていると多くの研究で指摘されてはいるが，こうした効果は本当にフェアトレードによるものか，はっきりしないという[22]。なぜなら，生産者は生産物のすべてをフェアトレードのルートで売却しているわけではなく，仲買人に対して，あるいは一般の市場でも生産物を売却することがあるからである。さらに，生産者組合によってはフェアトレード・プレミアム，すなわち割増金が会計上，組合内部の他の資金と合算されて処理されることがあるため，実際にフェアトレードによる効果がどれだけあるか，判断するのが難しいという。

　だからといって，フェアトレードの活動が途上国の貧困削減につながっていないと結論付けるのは早計である。佐藤（2011）が指摘しているように，これまでの研究や実践者の報告からフェアトレードが貧困削減に結びついた事例が数多くあることは明らかである[23]。ただし，フェアトレードの恩恵が受けられたのは途上国のごく一部の生産者に限られているという事実を忘れてはならない。先述の箕曲（2014）は「フェアトレードによる報酬の多さが，そのまま農村の貧困を解消するかのように主張するのは，途上国の人びとの生活の場に生起する複雑な現実を無視することにつながる」[24]として，フェアトレードを推進する人たちがその効果を過大評価してしまうことに反省を

促している。

　ところで，近年，地球温暖化の影響と見られる異常気象が頻発している。世界各地で発生する台風，ハリケーン，サイクロンは年々勢力を増してきており，それらによる被害規模や経済的な損失もまた大きくなっている。特に，インフラや防災体制が十分に整っていない途上国では自然災害による被害が大きくなってしまうことが多く，それが貧困をさらに悪化させている。2020年には中米で大型ハリケーンの発生が相次ぎ，コーヒーをはじめとする農作物に大きな被害が出た。さらに，ハリケーン後の多湿状態はコーヒーの木を枯死させる「さび病」を蔓延させる原因となった。さび病はコーヒーを栽培する上で最も恐れられている病害で，コーヒーの葉の光合成機能を低下させ，木を2〜3年で枯らしてしまう。感染した木は葉が落ちて豆が育たず，植え替えても新しい苗木が実をつけるまでには早くても4年はかかるという。そのため，中米のコーヒー生産者の中には農業に見切りをつけて，アメリカで不法移民となる道を選ぶ人さえ出てきている[25]。

　フェアトレードは途上国の貧困削減にとって重要な手段のひとつではあるが，このコーヒー生産者のように自然災害や病害が原因で農業が続けられなくなってしまった場合には即座に効果的な支援を実施することは難しい。途上国の人びとを貧困に陥れる要因は経済的な問題に限らず，自然災害や感染症の蔓延など多岐にわたっている。また，そうした貧困をもたらす諸要因は複雑に絡み合っており，ひとつの要因を取り除けば，直ちに状況が改善するといった単純なものではない。フェアトレードの活動も途上国の貧困対策だけではなく，気候変動や感染症の対策など他の取り組みと連携しながら進めていく必要がある。

＊本章は大阪国際大学 2023 年度特別研究費の助成を受けたものである。

注 ────────────────────────────────────────●

1　たとえば，ボリス（2005）；オフ（2007）；岩附ら（2007）などを参照。

2　コーヒーの事例については，オックスファム・インターナショナル（2003），p.31；
辻村（2012），p.105 を参照。

3　佐藤（2011），p.26 を参照。

4　佐藤（2012），p.16。

5　絵所（1997），p.42 を参照。

6　下村（2018），p.484 を参照。

7　このスローガンは援助が不要であるということを意味していたわけではない。実際，
プレビッシュ報告には，先進国に対して援助額の増加と借款条件の緩和を求める項目
が盛り込まれている。

8　佐藤（2011）pp.18-20 を参照。

9　World Fair Trade Organization（2020），p.20 を参照。

10　Fairtrade International ホームページを参照。https://www.fairtrade.net/impact/fairtrade-
premium-overview（最終閲覧日 2023 年 8 月 18 日）。

11　池上（2007），p.8。

12　詳しい調査内容とその結果については大野（2019）を参照。

13　大野（2019），p.357。また，渡辺（2021）が 2020 年に実施した調査でも同様の傾
向が見られる。

14　大野（2019），p.366。

15　CRM は 1980 年代初頭にカード会社のアメリカン・エキスプレスが実施した「自
由の女神修復資金寄付キャンペーン」によって普及した概念である。同社は顧客が
カードを利用するごとに毎回 1 セントを自由の女神修復のために寄付するというキャ
ンペーンを実施し，新規カード保有者とカード利用額を増やすことに成功した。三
輪・丸谷（2004），p.176 参照。

16　畑山（2016），p.140 を参照。

17　渡辺（2010），p.136 を参照。

18　畑山（2016），p.125 を参照。

19　2007 年時点で認証ラベル商品の販売額はフェアトレード全体のうち 9 割を占めて
いたという。畑山（2016），p.125。

20　北澤（2009），p.12。

21　ニコルズ・オパル（2009），p.230。

22　箕曲（2014），p.23。

23　佐藤（2011），p.245。

24　箕曲（2014），p.230。

25　ダシルバ（2019），pp.44-47；ロイター（2021）を参照。

## 参考文献

朝元照雄（2006）「均整成長理論と不均整成長理論―発展途上国における開発戦略の選択―」『エコノミクス』11（1・2），pp.1-19。

池上甲一（2007）「フェアトレードのジレンマとその克服―消費者の社会的責任に基づくフェアトレードの内部組織化―」『季刊 at』8，pp.8-21。

岩附由香・白木朋子・水寄僚子（2007）『わたし 8 歳，カカオ畑で働きつづけて。―児童労働者とよばれる 2 億 1800 万人の子どもたち―』合同出版。

絵所秀紀（1997）『開発の政治経済学』日本評論社。

大野敦（2019）「認知度調査から見る日本のフェアトレード運動に関する一考察」『立命館経済学』68（4），pp.19-39。

オックスファム・インターナショナル著，日本フェアトレード委員会訳，村田武監訳（2003）『コーヒー危機―作られる貧困―』筑波書房。

オフ，キャロル著，北村陽子訳（2007）『チョコレートの真実』英治出版。

北澤肯（2009）「フェアトレードラベルの功罪を考える」『アジ研ワールド・トレンド』163 号，pp.10-13。

佐藤寛（2012）「倫理的消費と倫理的貿易―フェアトレードの先にあるもの―」『季刊家計経済研究』95，pp.16-25。

佐藤寛編（2011）『フェアトレードを学ぶ人のために』世界思想社。

下村恭民（2018）「ビッグ・プッシュ・アプローチ」国際開発学会編『国際開発学事典』丸善出版。

ダシルバ，シャンタル（2019）「知られざるコーヒー危機」『ニューズウィーク日本版』34（44），pp.44-47。

辻村英之（2012）『（増補版）おいしいコーヒーの経済論―「キリマンジャロ」の苦い現実―』太田出版。

ニコルズ，アレックス・オパル，シャーロット編著，北澤肯訳（2009）『フェアトレード―倫理的な消費が経済を変える―』岩波書店。

畑山要介（2016）『倫理的市場の経済社会学―自生的秩序とフェアトレード―』学文社。

ボリス，ジャン＝ピエール著，林昌宏訳（2005）『コーヒー、カカオ、コメ、綿花、コショウの暗黒物語―生産者を死に追いやるグローバル経済―』作品社。

箕曲在弘（2014）『フェアトレードの人類学―ラオス南部ボーラヴェーン高原におけるコーヒー栽培農村の生活と協同組合―』めこん。

三輪昭子・丸谷雄一郎（2004）「コーズ・リレイティッド・マーケティング―アメリカにおける概念と実態―」『愛知大学国際問題研究所紀要』122，pp.175-187。

ロイター（2021）「焦点：中米諸国に『コーヒー危機』，農場捨て米国目指す移民急増」https://jp.reuters.com/article/coffee-centralamerica-migration-idJPKBN2IP0E6（最終閲覧日 2023 年 8 月 18 日）。

渡辺龍也（2010）『フェアトレード学―私たちが創る新経済秩序―』新評論。

渡辺龍也（2021）「フェアトレードと倫理的消費（Ⅱ）―全国調査が明らかにするその動向―」『現代法学』40，pp.95-144。

World Fair Trade Organization（2020）*The WFTO Fair Trade Standard*，https://wfto.com/sites/default/files/WFTO_Standard_November%202020_print.pdf（最終閲覧日 2023 年 8 月 18 日）。

第 **2** 章

# フェアトレードの概要と背景

## 1. フェアトレードの誕生の経緯

### 1-1　フェアトレードの意味

　本章では第 1 章でもふれたフェアトレードについての概要を詳細に述べる。一般的には「フェアトレード：Fairtrade」の直訳は「公平・公正な貿易」とされ、「開発途上国の原料や製品を適正な価格で継続的に購入することにより、立場の弱い開発途上国の生産者や労働者の生活改善と自立を目指す『貿易のしくみ』」[1] と説明されている。また、「人と環境に配慮して生産されたものを適正な価格で取引し、持続可能な生産と生活向上を支援」する仕組みともとらえられている。つまり、フェアトレードとは「公正・適正な価格で取引すること」[2] と定義付けられるのである。

　このように、「人」に視点を置いた貿易の仕掛けに着目したフェアトレードの根底には、これまでの弱い立場の「人」から利益を搾取している現実がある。これを是正すべく、フェアトレードとは、ビジネスをする上でお互いの立場を尊重し、お互いが納得した条件で取引をすべきだという考え方の実践であるといえよう。つまり、お互いが納得して、同じ土俵で尊敬しあいながら取引をする。そしてお互いがパートナーとして協働しながら適切な利益を得るという、人間として対等な立場でのビジネスを実現していくための仕掛けがフェアトレードであると解釈できる。言い換えれば、お互いが対等で

フェアな関係であり，フェアな取引を実施するがゆえに「フェアトレード」
というのであって，どちらかが強い権力を持ちどちらかが従わざるを得ない
ような一方的な関係ではなく，互いに真摯な態度での取引成立を望むこと
である。これはビジネスを通じて相手の人権を尊重することにもつながり，
SGDs などが着目されている現代のビジネスにこそ必要な仕掛けである。

　たとえば，通常の取引では市場価格の情報や販売先の選択肢の欠如により，
末端の小規模生産者（いわゆる弱い立場の人々）が，安い値段で商品を買い
たたかれる懸念がある。これに対してフェアトレードは，適正価格の保証や
プレミアム支払い（日本人はプレミアムというと，おまけあるいは高級とい
うイメージがあるかもしれないが，ここでは報奨金に近い意味合いである）
があり，商品を買いたたかれる懸念はないため，まさに公平・適正な価格で
の取引が実現するのである。なお，Brown（2007）はフェアトレードが用
語として定着したのは，「1985 年にマイケル・バラット・ブラウン（Barratt
Brown, Michael）がロンドンで行われた英国生協主催の国際会議で用いたか
らだといわれている」[3] と述べている。

　さて，フェアトレードを貿易の枠組みで考えると，発展途上国を国際貿易
システムにどのような形で参加させるのか，という問題が見えてくる。この
点については，「格差を生まない経済システム」という考え方を，スティグ
リッツ（Stiglitz, Joseph）とチャールトン（Charlton, Andrew）がその著書
*Fair Trade for All: How Trade Can Promote Development* の中で説明してい
る（スティグリッツ・チャールトン，2007）。加えて，貿易の自由化による
調整コストや市場アクセスの問題を挙げ，「途上国の農産品の多くは，高い
関税障壁に直面している」[4] と指摘している。

　なお，フェアトレードの始まりについては諸説があるものの，一般的には
1946 年にアメリカでキリスト教メノナイト系の団体が，プエルトリコの女
性たちの作成した手工芸品（主に刺繡製品）を買い取ってバザーなどで販売
したことが始まりと言われている[5]。フェアトレードの始まりについて長坂
（2008）は「1946 年，セルフ・ヘルプ・クラフト，後のテン・サウザンド・
ビレッジが，プエルトリコの貧しい女性たちの支援のために，彼女たちが
作った手縫いの刺繡リネンを，本国（米国）の教会を通して販売し始めた」[6]

と記している。ここでわかるのは，女性，ハンドメイド品，教会ということがキーワードであることである。現在，日本で流行しているハンドメイド品は多岐にわたり，刺繍を含む手芸品だけではない。ただし，ハンドメイド品の製作者の多くを女性が占めるということから，女性との結びつきは強いことがわかる[7]。

　さて，前述したが「フェアトレード」という言葉はブラウンが用いはじめ，そこから，フェアな貿易を求める運動が始まったとされているが，フェアトレードを法律で規定したビジネスモデルはないため，実際に市場で活動を継続する場合は，各フェアトレード団体が基準を作成し運営しなければならない。山本（2007）は，この説にそった形でフェアトレードの歴史をまとめている[8]。フェアトレードは，経済的に弱者を助け，少しでも彼らの生活の質を向上するという主旨であったため，慈善貿易とも呼ばれた。1960 年に入ってからは，経済的に弱者を助けるという主旨が徐々に，目先の生活を楽にするだけでなく，発展途上国の人々が貧困から抜け出して自立できる仕組みづくりが必要であるという認識に変化した。これによって「慈善貿易」から「開発貿易」へと言い方も変わっていったのである。

　このように時間の経過と共に変化しつつあるフェアトレードであるが，Fridell（2007）は，フェアトレードに対する研究のアプローチを 3 つに分類している。第 1 は「機会付与（shaped advantage）」である。不利な立場にある発展途上国の生産者が世界市場へ参入するための機会付与の手段として，フェアトレードをとらえている。第 2 は「もうひとつのグローバリゼーション（alternative globalization）」である。自由貿易の拡大等，新自由主義的なグローバリゼーションに対抗する代替的な貿易と開発のモデルとしてフェアトレードを位置付ける研究である。第 3 は「脱商品化（decommodification）」である。フェアトレードは協力，連帯，平等といった価値を重視するが，これらの価値観が資本主義の競争，資本蓄積，利益最大化などと，どのように関連し，相対化あるいは差別化していくかを研究することである[9]。

## 1-2　フェアトレードの普及の背景

　昨今の日本は SDGs の認知度が高まり，それに伴った形でフェアトレー

ドの認知度が高まりつつある。小坂（2020）はフェアトレードがSDGsの17の大きな目標のすべての範囲に広まったが，169のターゲットのうちの約4割の目標に合致していることを述べている[10]。それらのターゲットの中でフェアトレードは特にSDGsの貧困と結びつけて考えられている。貧困については，世界では約7億人以上の人々が「極度の貧困」状態であると世界銀行（World Bank）は調査結果を述べている[11]。この貧困問題の中には児童労働をはじめとする労働問題や女性差別の問題も含まれている。よって，労働に対する対価を公正にするためには世界的なルールが必要になってきたのである。

　ここから，国際フェアトレード認証の基準について説明をする。フェアトレード商品が普及するためには，フェアトレードの概念にも通じる何らかの基準が必要である。そのために「認証」という制度が生まれてきた。フェアに取引するためには，商品やサービスがある一定の水準を満たすことが求められる。また，材料や原産国を正しく表記する必要もある。商品やサービスがある一定の水準以上か否か，材料や原産国の表記が正しくなされているのか，などのいくつかの明確にするべき基準を決め，それらが達成されているか否かを査定することの必要性である。そしてその世界での共通認識も必要となり，現在は国際フェアトレード認証の基準は，「経済・社会・環境の3つの側面からなる」と説明されている。フェアトレードが多くの国々に普及するためには，世界的な規模での共通基準の制定が必要なのである。図表2-1にそれら3つの側面に対するイメージ図を示した。

　具体的に国際フェアトレード基準は，開発途上国の小規模生産者・労働者の持続可能な開発を促進することを目指して設計されており，「生産者の対象地域」「生産者基準」「トレーダー（輸入・卸・製造組織）基準」「産品基準」で構成されている。生産者と，商品を購入する者（トレーダー）はこれらの基準にそって，取引をする必要がある。たとえば，経済的基準には，価格の取り決めがあり，そこには最低価格の保証の基準が示されている。また，長期的な取引の促進や支払い方法についても，フェアトレード・プレミアムや必要に応じた前払いの保証などが示されている。社会的基準には安全な労働環境や民主的な運営の方法に加え，児童労働や強制労働の禁止，さらには

図表 2-1　国際フェアトレード認証の基準

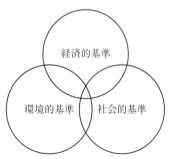

出所：フェアトレード・ラベル・ジャパン「国際フェ
　　　アトレード基準」，https://www.fairtrade-jp.org/
　　　about_fairtrade/intl_standard.php（2022 年 8 月
　　　18 日閲覧）を参考に筆者作成。

差別の禁止が挙げられている。環境的基準については，農薬をはじめとする
薬品類の使用を減らすこと，或いはそれらを適正に使用することや有機栽培
の奨励が示されている。図表 2-2 に国際フェアトレード基準の原則を示した。
　国際フェアトレード基準の特徴は，経済的・社会的・環境的というそれぞ
れの基準が持続可能な生産と生活を支えるためにあること，生産者に「フェ
アトレード最低価格」と生産地域の社会発展のための資金「フェアトレー
ド・プレミアム（奨励金）」を保証している点である。つまり，作り手に対
する保証が明確になされていることにある。

図表 2-2　国際フェアトレード基準の原則

| 経済的基準 | 社会的基準 | 環境的基準 |
| --- | --- | --- |
| ・フェアトレード最低価格の保証<br>・フェアトレード・プレミアムの支払い<br>・長期的な取引の促進<br>・必要に応じた前払いの保証<br>　　　　　　　　　　　　など | ・安全な労働環境<br>・民主的な運営<br>・差別の禁止<br>・児童労働・強制労働の禁止<br>　　　　　　　　　　　　など | ・農薬・薬品の使用削減と適正使用<br>・有機栽培の奨励<br>・土壌・水源・生物多様性の保全<br>・遺伝子組み換え品の禁止<br>　　　　　　　　　　　　など |

出所：フェアトレード・ラベル・ジャパン「国際フェアトレード基準」，https://www.fairtrade-jp.org/
　　　about_fairtrade/intl_standard.php（2022 年 8 月 18 日閲覧）を参考に筆者作成。

フェアトレード最低価格とプレミアムは，生産地域の物価・経済状況等と買い手側の意見を考慮し，綿密な調査と総合的な判断により，各生産品（商品），生産地域ごとに設定されている。このように国際フェアトレード基準は，作り手である生産者の生活の保証や支援につながっているのである。支援については昨今，日本でもクラウドファンディングなど，多くの人々が賛同したものに支援をする動きは活発であり，システムとして受け入れられている。

　よって，フェアトレードも，多くの人々に受け入れられる素地は日本社会にはあると考えられる。また，フェアトレードの普及のために1993年に設立されたフェアトレード・ラベル・ジャパンはFairtrade Internationalの構成メンバーとして普及活動も実施している。なお，第1章でも触れたが，Fairtrade Internationalの年次レポート（2021-2022年）によれば，参加農家と労働者数は70カ国・190万人以上，販売された国は143カ国と，世界規模の取り組みである。

## 1-3　認証による普及について

　国際フェアトレード基準を順守した商品を輸出あるいは輸入し，それらを市場で売買させるためのしくみを図表2-3に示す。生産国から消費国への流れや，消費国内での流通が順調にいけば，フェアトレード商品はより世界に普及していくはずである。そのためのしくみである国際フェアトレードの認証について具体的に述べると，図表2-3の主体に対して，認証機関FLOCERTもしくはフェアトレード・ラベル・ジャパン（FLJ）が監査と認証を実施するのである。このフェアトレード・ラベル・ジャパンは，2004年2月，旧団体名である国際フェアトレードラベル機構を改称して発足し，2021年度からはその事務局長に潮崎真惟子氏が就任した。この団体の事務局は東京都中央区にあり，2018年6月7日付けで，東京都より「認定NPO法人」として認定されている。定款の第3条に団体の目的が定められているが，その中には開発途上国・地域の小規模生産者や労働者が，正当な所得と安定した生活を得ること，日本人の消費生活の中から，開発途上国の人々の生活や自らの責任を考えるような環境づくり，そのための教育，普及啓発

図表2-3　国際フェアトレードの認証

| | 生産国 | | 消費国 | | | | |
|---|---|---|---|---|---|---|---|
| | 原料が完成品に至る商流に関わるすべての法人が認証を取得 | | | | | | |
| 機能 | 生産 | 加工 | 輸出入 | 卸 | 製造 | 販売 | 消費 |
| 主体 | 生産者（組織） | 加工業者 | 輸出入業者（商社等） | 卸売業者（卸売企業等） | 製造業者（メーカー等） | 販売業者（小売店等） | 消費者 |
| 主な認証基準 | 児童労働の禁止環境保護など | | 最低価格保証プレミアム支払い　　など | FT認証原料とその他の原料を混合しないなど | FT認証原料とその他の原料を混合しないFT認証原料含有率　　など | | |

出所：フェアトレード・ラベル・ジャパンの資料を参考に筆者が抜粋し作成。

活動や調査研究活動の実施を挙げている。そしてこのような国際協力に貢献することを目的としていると述べられている。

　図表2-3で一番右欄に位置する，つまり最終商品を購入する消費者は，認証ラベルによってそれらがフェアトレードの商品であることを認識できる。かつて日本で海外有名ブランドがもてはやされた時代に，偽ブランドが横行したため，消費者からブランドそのものが懐疑的な目で見られたことがあった。しかし，今日ではこの認証制度によって，フェアトレード商品か否かが消費者にわかるようになっている。

　ただし，複数の機関が異なる認証を行っておりフェアトレード商品であることを示すラベルは一種類ではないので，日本の一部の消費者からは，わかりにくいという声もある。これは，今後の課題のひとつでもあると考えられている。また，フェアトレード市場の広がりは，生産地にはプラスの変化を実現していると言われている。そこで次節ではフェアトレード市場の様子を述べていく。

## 2. フェアトレードの市場

### 2-1 世界的な市場について

フェアトレードの世界の市場動向について長坂（2009）は図表 2-4 を挙げて世界のフェアトレード市場が拡大していると述べた。長坂は「新しいフェアトレード商品は，フェアトレード・コットンを使った 10 ユーロ紙幣や，環境負荷の低い中国製の竹製の柩まで，多様に広がっている」とその勢いを説明している。

図表 2-4 を見ると，2007 年の世界（33 カ国）のフェアトレード商品の小売販売額（インターネットでの売上のみ）は，26 億 5000 万ユーロと推定され，また，フェアトレードの認証商品販売金額もわずか 1 年で約 1.5 倍の伸び率であり，勢いがある市場と言える。なお，認証商品とは「フェアトレー

図表 2-4　世界（33 消費国）のフェアトレードインターネット小売販売額

（単位：100 万 €）

|  | 欧州 | 北米・太平洋 | 合計 | 比率（%） |
|---|---|---|---|---|
| 2006 年 | | | | |
| 認証商品 | 1,060 | 564 | 1,624 | 87 |
| 非認証商品 | 135 | 112 | 247 | 13 |
| 合計 | 1,195 | 676 | 1,871 | 100 |
| 比率（%） | 64 | 36 | 100 | |
| 2007 年 | | | | |
| 認証商品 | 1,554 | 827 | 2,381 | 90 |
| 非認証商品 | 145 | 120 | 265 | 10 |
| 合計 | 1,699 | 947 | 2,646 | 100 |
| 比率（%） | 64 | 36 | 100 | |

出典：DAWS（2008）*Fair Trade 2007: New Facts and Figures from an Ongoing Success Story*（A report on Fair Trade in 33 Consumer Countries），p.54.
出所：長坂（2009）表 4-1「世界（33 消費国）のフェアトレード小売り販売額（2006-07 年）」，p.117。

ドの認証を受けた商品（認証制度商品）のこと」である。長坂は「FLO（Fair-trade Labelling Organization International：国際フェアトレードラベル機構）が認証したもの」とし，「フェアトレード小売販売額の内，認証商品（FLO）のシェアは，2006 年の 87％から 2007 年には 90％に拡大している」[12] と述べている。

　なお，フェアトレードの認証の制度，基準および商品についてはこの章の後半に記載する。

　一方，非認証商品は，現状では徐々に減少傾向を示しているが，それはそれらの商品がフェアトレード導入団体を経て，ワールドショップ（フェアトレード専門店）で販売されていることも要因のひとつである。2016 年には世界 130 カ国以上で流通する国際フェアトレード認証製品の推定市場規模は約 78 億 8000 万ユーロ（約 9470 億円以上；2016 年平均為替レート）に達した。特にカカオは，世界的なサステナビリティ対応へのニーズの高まりもあり，販売量が対前年比 34％増と大幅に伸長した。コーヒー（対前年比3％増），バナナ（対前年比 5％増），砂糖（対前年比 5％増），茶（対前年比5％増）も堅実に成長していると報告されている[13]。日本においても，フェアトレードの市場は広がりつつある。フェアトレードの専門店ではない，百貨店，大型商業施設，スーパーなどにも売り場が開設されはじめているからである。たとえば，イオンのホームページには「自然資源の持続可能性と事業活動の継続的な発展との両立を目指し，『イオン　持続可能な調達原則』に基づいた商品調達を行っています。この調達原則をさらに推進するため，このたび，イオンのプライベートブランドで販売するすべてのカカオで使用する原料を持続可能性の裏付けがとれたものへと変換するという新たな目標を設定しました」[14] と掲載されている。また，続きには「これまで取り組んできたフェアトレード等の第三者認証を取得した原料調達を拡大するとともに，生産地それぞれの状況に合わせた調達計画を立て，生産者や労働者の方々が抱える課題解決の支援を実施していきます」と明言している。

## 2-2　日本のフェアトレード小売販売額

　次に日本の市場動向について述べる。フェアトレード認証製品の最新の統

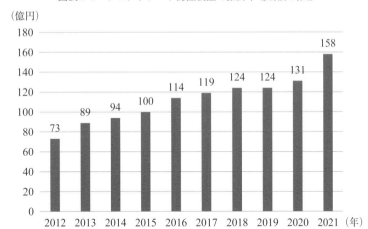

図表 2-5　フェアトレード認証製品の推計市場規模の推移

出所：フェアトレード・ラベル・ジャパン（2022）「【2021年フェアトレード国内市場規模発表】国内フェアトレード市場槻模158億円，昨年比120％と急拡大」，https://www.fairtrade-jp.org/news-detail.php?id=109 をもとに筆者作成。

計によると，2021年の推計市場規模は157.8億円となった。これは2020年の131.3億円と比較すると約20％の増加となる（図表2-5参照）。またフェアトレード認証参加組織数は2020年では221社であったが，2021年には243社と増加傾向にある。

このように市場が拡大した要因として以下のことが考えられる。

① 　コロナ禍の影響：コロナ禍で，飲食店などの利用が減少した分，家庭用のコーヒー，紅茶の売上が拡大した。その中にフェアトレードコーヒーや紅茶が含まれる。フェアトレードコーヒー市場は前年比21％の伸び率が報告されている。

② 　広告効果：広告によりフェアトレードチョコレートの販売が増加した。コーヒー同様に前年比10％の伸び率が報告されている。フェアトレード商品を広告することに対する疑問の声もあるが，多くの人々に認知をしてもらうためには広告は欠かせない手法である。広告によって，広く商品の認知やフェアトレードそのものの概念などを伝えることは，必要な情報を正確に伝えることにつながり，普及活動にも役立つのである。

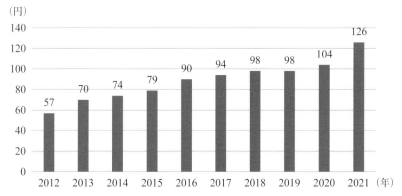

図表 2-6　国民一人当たりのフェアトレード認証商品の年間購入額推移

出所：フェアトレード・ラベル・ジャパン（2022）「【2021 年フェアトレード国内市場規模発表】国内フェアトレード市場規模 158 億円，昨年比 120％と急拡大」, https://www.fairtrade-jp.org/news-detail.php?id=109 をもとに筆者作成。

③　コットン製品の利用：特にコットン製品の売上が上昇した。SDGs の普及によってオーガニックコットンに対する消費者の理解が深まり，小売業者がプライベートブランドに利用するようになった。企業のサステナビリティ戦略に沿うからである。自社のサプライチェーンの透明性の向上，原材料の継続的な確保などの事情もあるが，大きな社会の流れの中での消費者ニーズを考慮した形での展開である。

次に日本の国民一人当たりのフェアトレード（認証）商品の年間購入額を図表 2-6 にまとめた。

図表 2-6 によると 2012 年には日本国民一人当たりのフェアトレード（認証）商品の購入額は 57 円であったものが，2021 年時点で 126 円となった。たしかに増加傾向にあるとはいえ，次項でも述べるが 126 円という金額は世界の国々の中でも決して，高い金額ではない。

## 2-3　海外諸国と日本の比較

さて，ここからは海外の国と日本との比較を行う。

Fairtrade International（FI）の本部が設置されているドイツの 2020 年の推計市場規模が 2374 億円であるのに対して，日本は 131 億円であり，18 倍

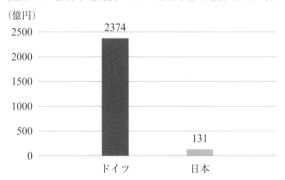

図表 2-7　推計市場規模：ドイツと日本との比較（2020 年）

出典：Annual Report 2020, MaxHavelaar Foundation（Switzerland）, Annual Report
　　　and Effectiveness Report 2020/2021, Fairtrade Germany.
出所：フェアトレード・ラベル・ジャパン（2022）「【2021 年フェアトレード国内
　　　市場規模発表】国内フェアトレード市場槻模 158 億円，昨年比 120％と急
　　　拡大」, https://www.fairtrade-jp.org/news-detail.php?id=109 より筆者作成。

の差が生じている。図表 2-7 を見ると両国の差の大きさは一目瞭然である。

　また，2020 年の一人当たりのフェアトレード認証製品の年間購入額はス
イスが 1 万 1267 円であったのに対して，日本ではわずか 104 円であった
（図表 2-8 参照）。2021 年では 126 円とやや増加したが，依然として約 100
倍の差があることには違いがない。

　日本人の購入金額が少ない原因としては以下のことが考えられる。

①　身近な場所での販売がない。

②　フェアトレード商品が高額である，あるいは品質が良くないというマ
　　イナスのイメージがある。

③　商品数や種類が少ない。

　上記の①から③以外にも原因は考えられるが，主な原因として①販売場所，
②マイナスイメージ，③品揃えの能力が考えられるのである。ただし，①の
販売場所については昨今，百貨店やスーパーマーケットなどにフェアトレー
ド商品が置かれるようになり，改善が進んでいる。また，②の高額のイメー
ジも，チョコレートやコーヒーに関しては，以前よりもそのマイナスイメー

図表 2-8　一人当たりのフェアトレード認証商品の年間購入額：
　　　　　スイスと日本との比較（2020 年）

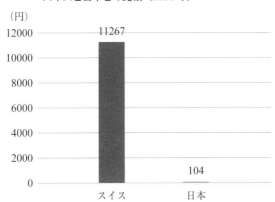

出典：Annual Report 2020, MaxHavelaar Foundation (Switzerland), Annual Report
　　　and Effectiveness Report 2020/2021, Fairtrade Germany.
出所：フェアトレード・ラベル・ジャパン（2022）「【2021 年フェアトレード国内
　　　市場規模発表】国内フェアトレード市場規模 158 億円，昨年比 120％と急
　　　拡大」，https://www.fairtrade-jp.org/news-detail.php?id=109 より筆者作成。

ジが薄れてきている。それはゴディバ（GODIVA）のような海外の有名ブ
ランドの店が日本の各地に出店し，高額なチョコレート商品が消費者に受け
入れられてきたこともあり，カカオやチョコレートへの認識が変化してきた
ことも原因として考えられる。
　ここで図表 2-9 に日本で主に流通している品目を示した。フェアトレー
ド・ラベル・ジャパンのホームページにある製品紹介ではチョコレートが一
番多く，523 の製品が掲載されている。これらも認証されている製品のすべ
てではなく，同ホームページに掲載希望製品のみである。同様にコーヒーは
118，茶は 147 といずれも 3 桁の数字の製品が掲載されている（2022 年 8 月
時点）[15]。
　さて，フェアトレード商品のイメージについて，中井ら（2020）が関西
圏の大学生を対象に調査した結果，コーヒー，チョコレート，紅茶，カカオ，
バナナがイメージされる上位の商品となり，農産物（食品）のイメージが多
く得られた[16]。また中井らの調査結果の中では，フェアトレードの活動に多

図表 2-9　主要な国際フェアトレード認証対象産品一覧

| 品　目 | 内　容 |
|---|---|
| コーヒー | コーヒー |
| カカオ | チョコレート，ココアパウダー |
| 茶 | 紅茶 |
| はちみつ | はちみつ |
| オイル・オイルシード | ココナッツ，ココナッツオイル，オリーブオイル，ゴマ，ゴマ油，シアバター，アルガン油 |
| 生鮮果物 | バナナ |
| 加工果物 | ドライフルーツ，フルーツジュース，ワイン |
| ハーブ・スパイス（調味料／ハーブティ） | コショウ，シナモン，ジンジャー，カルダモン，クローブ，ターメリック（カレーパウダー），カモミール，ルイボス |
| 砂糖・菓子 | 砂糖，ジャム，クッキー，ティラミス |
| コットン | Tシャツ，ポロシャツ，靴下，タオル，バッグ，エプロン |
| 花・植物 | バラ |
| スポーツボール | サッカーボール，バレーボール |

出所：フェアトレード・ラベル・ジャパンの資料。提示された表から筆者が抜粋した。またこの表を作成する際には参考として「国際フェアトレード認証製品」，https://www.fairtrade-jp.org/products/（2022年8月20日閲覧）を用いた。

くの大学生たちは賛同しているが，実際に購入意思がある者は全体の10％であることが報告されている。購入意思がない者は90％だが，その理由としては「価格が高い」「身近ではない」「おいしくない気がする」「品質に疑問がある」「デザインが合わない」「おしゃれではない」などで，特にファッション商品を売り出すことの難しさを示唆していた[17]。ただし，テキスタイルとしてのフェアトレード認証製品は多く，フェアトレードジャパンのホームページでは406の製品が紹介されていた。その中にはタートルネックやパンツといった衣類，バッグなどの小物も含まれている。よって，これらのフェアトレードの商品を今後，どのように日本の消費者に認知してもらうか，そして継続的に購入してもらうかが，大きな課題なのである。そのためにはマーケティング手法の活用，消費者心理の探求，経営戦略論の応用などが必

要である。また地域活性化や街づくりに応用するのであれば，都市論などを参考にする必要がある。たとえば具体的には，小鳥居（2014〜2019）は 2014 年に熊本市，2015 年に名古屋市，2016 年に札幌市，2017 年に逗子市，2018 年に浜松市，2019 年にいなべ市とフェアトレードタウン運動の事例を継続的に紹介している[18]。このようにフェアトレード研究の背景には，経済学，経営学，都市学，消費者心理学，マーケティング論，消費者行動論などの学問分野にも広く関わりがある。

## 注

1　フェアトレード・ラベル・ジャパン「フェアトレードミニ講座」，https://www.fairtrade-jp.org/about_fairtrade/course.php（2022 年 6 月 15 日閲覧）。

2　この部分はフェアトレード・ラベル・ジャパンの資料から引用した。フェアトレード・ラベル・ジャパンは Fairtrade International の構成メンバーとして日本で 1993 年に設立された。事業内容としては，フェアトレードの認証・ライセンス事業，普及啓発事業となる。

3　Brown（2007）から引用した。

4　スティグリッツ・チャールトン（2007）第 13 章には貿易自由化と調整コストについて（pp.205-256），補論 1 には市場アクセス問題の実証的レビュー（pp.257-321）が記されている。Joseph Stiglitz と Andrew Charlton の原書を浦田秀次郎（監訳・解説），高遠裕子（訳）が 2007 年に『フェアトレード―格差を生まない経済システム―』として日本経済新聞出版社から刊行した。

5　ヴァンデルホフ（2016），p.128 を引用した。

6　長坂（2008）の「第 3 章　フェアトレード市場の展開〜フェアトレードはどの程度普及しているのか」から引用した（p.66）。続きには「欧州では，イギリスで 1964 年にオックスファムが中国人難民の生産したクラフトを販売し始めた。同じ頃，オランダで砂糖きびから生産した砂糖に「この砂糖を買うことによって，太陽の恵みの下にある貧しい国の人々を支援しよう」というメッセージをつけて販売する活動がはじまり」とある。

7　辻（2020）の「第 7 章　ものづくりをする消費者」の中で，実際に辻が製作者にインタビューをしているが，生計のためだけに制作している女性はいなかった。2019 年 7 月に聞き取り調査を行い，対象者は兵庫県，大阪府に在住の製作者 19〜63 歳までの女性製作者であった。またこの調査とは別に辻は京都の上加茂神社でのハンドメイドマーケットで 2015 年に製作兼販売者 30 人にも聞き取り調査を実施している。

ここでも「生活費用のため」という理由は得られていない。調査結果は辻（2016）の「第7章 ハンドメイドを製作・販売する人々の実態」に掲載している。製作理由では生活費用というよりも，作品のレベルをあげたい，将来は教室を開きたいなど技術の向上を求める者がいる。また，買い手とのコミュニケーションを取りたいという意見が挙げられた。

8 山本（2007）がフェアトレードの歴史をまとめており，本節ではそれを参考とした。

9 Fridell（2007）。ここにはフェアトレードに対する研究の視点を3つに分類し，第1の視点は，個々の事業者のミクロな経済活動に焦点を当て，第2の視点はマクロな貿易制度に焦点を当てるという差があるが，共に資本主義を所与のものとして受け入れている点は共通である。第3の視点は経済ではない協力や連帯という概念である。

10 小坂（2020）から引用した。本文に加筆すると，フェアトレードのスタンダードとSDGsの親和性の高さと共に，その相乗効果が期待されることが確認できたと小坂は述べている。

11 世界銀行とは，「貧困削減と持続的成長の実現に向けて，途上国政府に対し融資，技術協力，政策助言を提供する国際開発金融機関」である。よって，世界中の途上国にとって欠かせない資金源，技術援助機関と言える。世界銀行ホームページ，https://www.worldbank.org/ja/country/japan（2022年8月18日閲覧）を引用した。

12 長坂（2009），p.119を引用した。

13 フェアトレード・ラベル・ジャパン「フェアトレードの広がり」，https://www.fairtrade-jp.org/about_fairtrade/foreign_market.php（2022年6月1日閲覧）を引用した。
このサイトには「2016年，世界73ヶ国，1,411以上のフェアトレード認証生産者組織を通じ，国際フェアトレード認証のしくみに参加する小規模農家・労働者は160万人以上に上っています。貿易量に応じて輸入業者から各生産者組織に直接保証されるフェアトレード・プレミアムは，1億5000万ユーロ（約180億円以上）と過去最高額に達し，開発途上国の生産者・労働者の生活の質の向上や地域社会全体の改善に活かされています」とも説明がなされている。

14 イオンホームページ，https://www.aeon.info/sustainability/social/fair_trade/（2022年8月19日閲覧）を参考とした。

15 フェアトレード・ラベル・ジャパン「認証製品」，https://www.fairtrade-jp.org/products/（2022年8月20日閲覧）を参考とした。ここには掲載希望のあった製品のみを紹介しているが，本文のチョコレート，コーヒー，茶以外にもスパイスオイルが47，酒類（ワイン・ビールその他）30，化粧品類96，テキスタイル406製品が紹介されている。

16 日本繊維製品消費科学会2020年次大会における口頭発表から引用。（中井ら，2020）参照。

17 同上。

18　小鳥居伸介は継続的にフェアトレードタウンの研究を進めている。その成果を小鳥居（2014）で発表し，その後も名古屋，札幌と各地を研究している。これらの研究については参考文献を参照されたい。

**参考文献** ─────────────────────────●

ヴァンデルホフ，F. 著，北野収訳（2016）『貧しい人々のマニフェスト─フェアトレードの思想─』創成社。

小坂真理（2020）「フェアトレードによる SDGs への相乗効果」『環境情報科学　学術研究論文集』34，pp.19-24，東海大学。

小鳥居伸介（2010）「フェアトレード試論─開発援助との比較の視点から─」『長崎外大論叢』14，pp.33-50。

小鳥居伸介（2014）「日本におけるフェアトレードタウン運動の展開と意義─熊本市の事例を中心に─」『長崎外大論叢』18，pp.69-86。

小鳥居伸介（2015）「日本におけるフェアトレードタウン運動の展開と意義（その2）─名古屋市の事例を中心に─」『長崎外大論叢』19，pp.17-36。

小鳥居伸介（2016）「日本におけるフェアトレードタウン運動の展開と意義（その3）─札幌市と睦別町の事例から─」『長崎外大論叢』20，pp.9-26。

小鳥居伸介（2017）「日本におけるフェアトレードタウン運動の展開と意義（その4）─垂井町・揖斐川町と逗子市の事例から─」『長崎外大論叢』21，pp.27-48。

小鳥居伸介（2018）「日本におけるフェアトレードタウン運動の展開と意義（その5）─浜松市と他都市・町の事例の比較─」『長崎外大論叢』22，pp.71-91。

小鳥居伸介（2019）「日本におけるフェアトレードタウン運動の展開と意義（その6）─いなべ市と他都市・町の事例の比較─」『長崎外大論叢』23，pp.11-32。

小鳥居伸介（2021）「日本のフェアトレード運動における SDGs の推進に関する一考察─ SDGs とフェアトレードタウン運動との連携を中心に─」『長崎外大論叢』25，pp.119-134。

スティグリッツ，J. E.・チャールトン，A. H. G. 著，浦田秀次郎監訳・解説，高遠裕子訳（2007）『フェアトレード─格差を生まない経済システム─』日本経済新聞出版社。

辻幸恵（2016）『リサーチ・ビジョン』白桃書房。

辻幸恵（2020）『持続可能な社会のマーケティング』嵯峨野書院。

中井涼介・上馬里奈・辻幸恵（2020）「フェアトレードファッションについて」『日本繊維製品消費科学会 2020 年年次大会・研究発表要旨』，p.77。

長坂寿久編著（2008）『日本のフェアトレード─世界を変える希望の貿易─』明石書店。

長坂寿久編著（2009）『世界と日本のフェアトレード市場』明石書店。

村上芽・渡辺珠子（2019）『SDGs 入門』日本経済新聞出版社。

山本純一（2007）「フェアトレードの歴史と「公正」概念の変容」『立命館経済研究』

62 (5 · 6), pp.385-398。

Brown, M. B. (2007) "'Fair Trade' with Africa," *Review of African Political Economy*, 34 (112), pp.267-277.

De Neve, G., Peter, L., Pratt, J., and Wood, D. C. (Eds.) (2008) Hidden Hands in the Market: Ethnographies of Fair Trade, Ethical Consumption, and Corporate Social Responsibility. *Research in Economic Anthropology*, 28, Emerald.

Fridell, G. (2007) *Fair Trade Coffee: The Prospects and Pitfalls of Market-Driven Social Justice*, University of Toronto Press.

# 第3章

# フェアトレード商品に対する消費者の意識

## 1. フェアトレード商品の意味と心理的背景

　フェアトレードという言葉は以前と比較すると，知っている人が多くなってきたという印象がある。フェアトレードという言葉が珍しい言葉ではなくなったのである。この背景には，SDGsの普及に伴い，フェアトレードという言葉も聞くことが多くなったこと，同時にフェアトレード商品を置く店舗の増加によって，商品が目につくようになったからである。清水（2008）は「日本でもイオンやスターバックスのフェアトレードコーヒー導入の動きにみられるようにわずかながら注目されてきた」[1]と述べている。少し前には人気の若手俳優が高校生に扮して「これフェアトレードのバナナですか」と言うCMがテレビで流れていた。その高校生の役柄は「意識が高い」優秀な高校生であった[2]。このような背景から，フェアトレードの定義や具体的な活動を知らなくても，フェアトレードという言葉を聞いたことがある，商品を見たことがある，という大学生は増加しつつある。

　フェアトレードは直訳すれば公平あるいは公正な取引と一般的には言われているが，辞書では「発展途上国の農産物や手工業品を公正な価格で買い取ることを唱える運動。また，そのような売買」[3]と記されている。ただし，フェアトレード商品は一般の製品よりも高額だ，品質が悪いというネガティブなイメージを抱く大学生[4]やフェアトレードを寄付のような支援だと誤解している大学生もいる。フェアトレード商品も他の商品と同様に消費する目

的で購入するので，各々が選択基準を持っており，その基準に合わなければ購入しない。さらに，購入後に使用した場合，使い勝手が悪いようなもの，あるいは商品として魅力のないようなものは再購入されないのである。消費するという前提で，製品としてある程度の機能や魅力はフェアトレード商品でも必要なのである。モノがあふれている日本社会の中で，モノの価値が認められなければ購入されないのである。

　ところで，消費とは一般的には「①費やしてなくすこと。つかいつくすこと。②欲望の直接・間接の充足のために財・サービスを消耗する行為。生産と裏表の関係をなす経済現象」[5] とされている。人々は生活の中で財やサービスを消費している。それが他者から見える行動として消費者行動となる。黒田ら（2013）は消費者行動を「主体が，自らの生活の形成・維持・発展のために必要とする用具または資源を，消費支出を通じて獲得するときの選択行為」と述べている。青木ら（2012，p.31）は消費行動には4つのパターンがあり，それらは消費行動，購買行動，使用行動，破棄行動であると説明している。

　フェアトレード商品を購入するという行動を考えた場合，先に述べたように高額だと感じ，購入をためらう大学生もいる。消費者が価格に感じる利得と損失の感情については滋野ら（2018）が「消費者は，製品やサービスの購入を意思決定する評価基準をすでに保有している。その基準にもとづき購入すべきか否かが検討され，購入後にもその選択が正しいものであったか確認し，自己判断の正当性を強化して，心理的安定感を得る行動を行うことが知られている」[6] と指摘している。多くの場合，購入後の確認は他者との比較になる。たとえば，同じ商品やサービスを他の人よりも安価で手に入れることができたと思えば，得をしたと感じる。一方，他人よりも高額で手に入れると，それは損をしたと感じるのである。よって，価格は他者との比較によって利得と損失感情が生じるものである。また，製品についても耐久年数が想定していたよりも長ければ得をしたと感じるが，逆に短ければ損をしたと感じるのである。

　そこで本章では，フェアトレード商品に対する大学生の意識を調べ，フェアトレード商品が購入されるためには何が必要であるのかを考察した。加え

て販売戦略のひとつである商品のブランド化，差別化などから，フェアト
レード商品がブランドになれるか否かの可能性についても考察した。フェア
トレードの商品に対して，他とは異なる価値を大学生たちが見出せば，日本
の市場でフェアトレード商品の販売拡大ができる要因となり，フェアトレー
ド商品がブランド品であると認識されよう。なお，ブランド（brand）の定
義は「銘柄。同一カテゴリーに属する他の製品（財またはサービス）と明確
に区別する特性，すなわち名前，表現，デザイン，シンボルその他の特性を
持った製品」[7] とされている。ある財やサービスを他の同カテゴリーに属す
る財やサービスと区別するためのあらゆる概念だと理解できる。フェアト
レードの概念と活動を理解すれば，フェアトレード商品も差別化される余地
はある。ただし，差別化されるだけでは消費者からの購入には結びつかない。
実際に商品を使用し，消費した後，継続的にその商品を購入してもらわなけ
れば持続的な売上につながらないのである。

　フェアトレードの商品はコーヒーや紅茶だけではなく，洋服，アクセサ
リー，小物にも展開しており，個人経営の専門店のみではなく，スターバッ
クス（Starbucks）やイオンなど全国展開している専門店や小売業でも目に
する。コーヒーの中では自動販売機で販売されているものもある。販売場所
の広がりによって，消費者の目にふれる機会も増加している。かつて日本の
若者たちが海外有名ブランドのバッグに価値を見出していたように，現在の
大学生たちがフェアトレード商品に価値を見出しているのか，価値を創造し
ていける要因はあるのかを，明らかにしたい。このことによって，新しい消
費の形を見出すことができれば，それは，今後の持続可能な社会において[8]
フェアトレード商品がブランド化し，販売促進の糸口になると考えられる。

## 2. フェアトレードへの理解とフェアトレード大学

### 2-1　フェアトレードという言葉に対する理解

　ここでは，フェアトレードへの理解が大学生たちにはどの程度なされて

いるのかを中心に紹介する。「理解する」とは，一般的に国語辞典などには「1. 物事の道理や筋道が正しくわかること。意味や内容をのみこむこと，2. 他人の気持ちや立場を察すること」[9] と説明されている。また，理解することには段階があると考えられる。意味がわかるという程度の理解もあれば，その背景や事情までを理解することもある。さらに，裏付けされたデータをもとに分析を行いその要因を理解する段階も存在する。ここでは，少なくともその背景や事情までを知っていることを「理解する」と定義した。神戸市に立地する私立総合大学の経営学部に在籍する 2〜4 年生までの大学生を対象として，2022 年 10 月中旬にフェアトレードの理解に対する調査を実施した。質問事項は 4 つ設け，Google フォームを使用して調査した。Google フォームは「Google が提供しているフォーム作成ツール」である。「簡単な操作でフォームを作れることや，全ての機能を無料で利用できる点が特徴」である[10]。ここでは調査票を回答する前に確認できるように，本調査の趣旨や，回答者個人の特定ができない等の説明を最初にし，それを読んだ上で同意した者が回答できるように工夫した。そして同意した回答者を調査対象とした。

　ひとつ目の質問としてフェアトレードを知っているかどうかを尋ねた。合計 400 人中，知っていると回答した大学生は 388 人（97.0％）であった。ふたつ目の質問として知っていると回答した 388 人に対して，自分はフェアトレードを理解していると思うか否かを尋ねた。この場合の理解については先に述べたとおり「その背景や事情までを知っている」ことを「理解している」と定義したことを注釈でつけた。その結果，388 人中理解していると回答した大学生は 225 人（57.9％）となった。3 つ目の質問として「理解している」と回答した 225 人に対して，今後さらに深く理解したいか否かを尋ねた。その結果，さらに理解を深めたいと回答した大学生は 225 人中 185 人（82.2％）であった。なお，ふたつ目の質問で知らないと回答した 12 人に，今後知りたいか否かを尋ねたところ 6 人は知りたいと回答をしたが，残り 6 人は知りたくないという回答であった。このことから 400 人中関心がない（知りたくない）者は 6 人となり，大学生たちがフェアトレードに対して関心があることが見出せた。ただし，3 つ目の質問の回答からわかるように「理解している」と回答していても，今後さらに理解を深めたいと回答

した者が82.2％であったことから，「理解している」レベルには差があると推察できた。

　さて，フェアトレードの運動が日本に知られるようになった1985年から40年近くたった今でも，ある意味では市場では発展段階と言えよう。製品のライフサイクルには導入期，成長期，成熟期，衰退期の4つの時期があるが，フェアトレードは日本においては導入期あるいは成長期のはじめであると考えられる。導入期では多くの商品は目新しさから着目される機会が多い。フェアトレードはすでに多くの専門店だけではなく，百貨店やスーパーマーケットで商品として取り扱われている[11]。よって場合によっては，すでに導入期ではなく，その先の段階である成長期とみなすこともできるのである。滋野ら（2018）は導入期を「企業が新製品を市場に送り出す段階」と述べている。フェアトレードによる製品であること，およびその製品の意味や価値の理解を，広く広報しなければならない時期でもある。また成長期を「製品についての認知度が浸透し，その価値の高さが認められると売上高が急速に伸びる段階」と説明している[12]。フェアトレードの製品は以前と比較すると，確かに認知は広がってはきているが，まだ急速に売上高が伸びているのかというとそれを証明できるだけの資料はない。増加は見られても，急速拡大と言えるか否かの判断は難しいところである。

　さて，既述のとおりフェアトレードには認証制度がある。この認証制度のはじまりは1988年と言われている。具体的にはコーヒー袋を背負った男性の絵と‘Max Havelaar’（マックスハーフェラール）と書かれたシールを貼ったコーヒーがオランダのスーパーマーケットに置かれたことがきっかけである[13]。スーパーマーケットに置くことによって，それまでフェアトレード団体が輸入した商品を扱ってくれる店舗だけで販売していたものの，それだけでは販売数が伸びないという問題が解決されたのである。これは，フェアトレード商品を世の中に広めるために用いられた販売戦略であるとも言える。当時はまだ現在のように手軽にインターネットでの販売や購入ができる環境ではなく，どうしても店頭販売が主となっていた。よって，フェアトレード商品を購入するために，専門店に足を運ぶ人のみが顧客であった。そのような顧客を待つだけでは，販売数に限界がある。購入機会を増やすため

に，スーパーマーケットやその他の店舗にもフェアトレードのコーヒーやチョコレートなどの商品を置けば，人々がフェアトレード商品を目にする機会が増え，その結果，購入数も伸びる。しかし，そのためには「これはフェアトレードの商品である」というアピールが必要であった。

　なお，認証機関については第1章でも説明したが，1997年にFLO（Fairtrade Labelling Organization International）が設立され，日本では国際フェアトレードラベル機構（現在はフェアトレード・ラベル・ジャパン）とFLOCERTが監査と認証を実行している。この機構では経済的基準，社会的基準，環境的基準の3つの基準（図表2-1参照）を制定し，その基準に従って生産者の商品がフェアトレード商品であることを認証している[14]。認証されれば，認証ラベルを商品に貼ることができるのである。これは先に述べた 'Max Havelaar'（マックスハーフェラール）と書かれたシールを貼ることに通じている。他の商品との差別化である。

　ただし，認証機関はひとつではなく，ラベルも1種類ではない。このように，複数の種類のラベルが存在していることも，シールを見慣れていない日本人にとっては，なかなかフェアトレード商品が認知されず普及しない一因であると考えられる。メーカーのロゴマークやマスコットキャラクターのように，顧客に覚えてもらわなければならないフェアトレード商品にとって，統一的なラベルが存在しない現状はマイナス要因とも考えられる。もちろん，今後フェアトレード商品が豊富になって日本のあらゆる場所に商品が並んだ場合には，フェアトレード商品間の差別化も必要になるであろう。それは製品ライフサイクル的には，成熟期に入った場合である。よって，日本の現状ではまだラベルの多様性は便益が少ないと考えられる。

## 2-2　フェアトレード大学

　フェアトレード大学とは，大学全体でフェアトレードの推進活動に取り組んでいる大学を認証するものである。2003年にイギリスでオックスフォード・ブルックス大学が最初に認定され，フェアトレード大学認定制度が始まった。現在，欧米を中心に170近い大学が認定されている。認定組織の審査を受け，その審査に合格した大学がフェアトレード大学を名乗ることが

できるのである。日本では 2018 年 2 月にアジアで初めてのフェアトレード
大学が誕生した。それは静岡文化芸術大学（静岡県）である。また翌年の
2019 年には北星学園大学・北星学園大学短期大学部（北海道）と札幌学院
大学（北海道）がフェアトレード大学として認められた。このように大学を
承認するのは，日本フェアトレード・フォーラムである。アジアでフェア
トレード大学第 1 号として認定された静岡文化芸術大学は，フェアトレード
について同大学のホームページでは以下のように説明している。

　「『フェアトレード』とは，ヨーロッパを中心に 1960 年代に広まった，い
わゆる開発途上国の農家や手工業者など，立場の弱い小規模生産者の自立と
生活改善のため，公正な価格で取引を行う取組です。当初は，女性の手工芸
品などの生産が中心でしたが，現在はチョコレート，バナナ，コーヒー，紅
茶，ワインなどの食品にも広くひろがっています。1997 年に国際フェアト
レードラベル機構が設立され，国際フェアトレード認証のしくみが確立され
たことにより，大手企業などもフェアトレード商品を扱うようになり，フェ
アトレード市場は急速に拡大しています」[15] と掲載されている。

　フェアトレード大学になるメリットとしては，たとえば，グローバルな方
針を持った大学であることが理解されやすいこと，倫理的な商品（エシカル
消費）を奨励し，意識が高い消費者を育てる大学であることを示すことがで
きる。また，地球規模の環境問題などを大学生たちが学習する環境を有して
いる大学であること，日本ではまだ 4 校しか認定されていないので先進的
な大学であることも示すことができる。

　フェアトレード大学になるためには，いくつかの認定基準を満たさなくて
はならない。たとえば，「基準 1：フェアトレードの普及を目指す学生団体
が存在する」ということが挙げられる。これは学生団体なので必ずしもクラ
ブである必要はなく，サークルでも構わない。要するに大学生が主体となる
団体が必要なのである。基準の中の細則である指標では「(1) フェアトレー
ド（FT）普及学生団体が大学から公認されている，ないし公認の申請を行っ
ている。(2) FT 普及学生団体に顧問の教員がいる」ことが求められている。
顧問の存在が大学と団体を結びつけるパイプとなるからである。「基準 2：フェ
アトレードの普及を目指したキャンペーンや研究・教育活動がキャンパス内

外で行われている」ということが挙げられている。指標では「(1) FT普及
学生団体は2年以上にわたって継続的にフェアトレードの普及活動を行って
いる。(2) フェアトレードに関する研究・教育活動が推奨されている」こ
とが求められている。研究と教育活動の面においても大学生だけの勉強会だ
けでは質の担保が怪しくなる。「基準3：大学当局がフェアトレード産品を
調達している」,「基準4：フェアトレード産品（食品・衣類・文具・手工芸
品など）がキャンパス内外で購入可能である」といった項目は，フェアト
レードの商品を大学が仕入れ，また学内の売店などで常時販売されているこ
とを意味している。「基準5：学生自治会（学友会などそれに準ずる組織），
フェアトレード普及学生団体，大学当局の三者によってフェアトレード大学
憲章が策定されている」ということが挙げられている。このように三位一体
となったバックアップがない限り，フェアトレード大学として認定はされな
いのである[16]。

　現実的にこれらのすべての基準をクリアし，フェアトレード大学になるこ
とは至難の業であると言えよう。なぜならば，大学の目指す方向性と合致し
ていない限り基準を満たせる素地がつくれないからである。


## 3. 大学生のフェアトレード商品に対する認識調査

### 3-1　フェアトレード商品に対する認知度とイメージ

　商品選択に対する意識について大学生を対象に調査を実施した。期間は
2020年9月10日から26日まで，フェアトレード商品の認知を尋ねた。質
問の書かれたページのアドレスをスマートフォンに送り，各自の回答を回収
するという方法を用いた。その結果，男子58人，女子49人から回答を得た。
これらの学生たちはすべて神戸市に立地している私立総合大学に所属してい
る。図表3-1にフェアトレードの認知に対する質問項目とその回答を示した。
ここでは母集団の数が少ないので%ではなく実数を示す。

　図表3-1に示すように，コーヒーとチョコレートの認知は男女共に高い

図表3-1　商品認知に対する調査結果（大学生）

(n = 107)

| 質問項目 | | 男子(58人) | 女子(49人) |
|---|---|---|---|
| フェアトレードという言葉を聞いたことがあるか | ある | 49 | 42 |
| | ない | 9 | 7 |
| フェアトレードのコーヒーを知っているか | 知っている | 40 | 31 |
| | 知らない | 18 | 18 |
| フェアトレードのチョコレートを知っているか | 知っている | 41 | 38 |
| | 知らない | 17 | 11 |
| フェアトレードの洋服を知っているか | 知っている | 14 | 15 |
| | 知らない | 44 | 34 |
| フェアトレードのアクセサリーを知っているか | 知っている | 12 | 13 |
| | 知らない | 46 | 36 |
| フェアトレードの花を知っているか | 知っている | 5 | 11 |
| | 知らない | 53 | 38 |

出所：筆者作成。

結果となった。しかし，洋服とアクセサリーと花は男女共に認知が低かった。この結果から大学生たちにとってコーヒーやチョコレートは商品として目にする機会が多いが，洋服やアクセサリーあるいは花になると目にする機会が少ないと考えられる。洋服やアクセサリーがフェアトレードの専門店に置かれている場合が多いことに対し，コーヒーやチョコレートはスターバックス（Starbucks）やイオンをはじめ，大学生たちが日常的に行くような身近な店で商品が置かれているからである。もちろん，スーパーには花も置かれているが，学生たちが花を買う状況は少ないと考えられる。つまり，認知してもらうためにはいかに目にする機会を増やすのかということと，その商品を使用する機会を増やすかということが重要なのである。

　次に学年ごとに比較すると，フェアトレードという言葉を聞いたことがないと回答した学生は4回生が多かった。男子は9人中6人，女子は7人中5人でいずれも半数以上を占めた。言葉を聞いたことがないと回答した中には2回生は含まれていない。人数が少ないので断言はできないが，高学年であるほど，フェアトレードという言葉を聞いたことがない学生がいるという傾向があると考えられる。逆に，若い世代は教科書を通じて学んだという回答

もあり，教育機関の中で学ぶ機会があると考えられる。現在は多くの国々が
地球環境に関心を持ち，SDGsについての取り組みもなされているからであ
る[17]。

　さて，フェアトレードのコーヒーを知っていると回答した大学生のうち，
実際に飲んだことがあると回答した者は男子40人中15人，女子31人中11
人となった。知ってはいるが，飲んだ経験がないという大学生が半数以上を
占めた。これは大学生が手軽にフェアトレードのコーヒーを飲む機会を得て
いないためだと考えられる。

　フェアトレードコーヒーを知っていると回答した大学生に，他のメーカー
のコーヒーとイメージなどの比較を聞いた。

　図表3-2は商品，形状，値段，味の4つの項目についてフェアトレードの
コーヒーを知っていると回答した71人（男子40人，女子31人）に2020
年9月27～29日の3日間で質問をした結果である。図表内のイメージの言
葉は各項目の中で一番多く出現した言葉を示した。たとえば，フェアトレー
ドコーヒーの商品に対して，イメージとして焙煎豆と回答した者が71人中
28人であった。形状，つまりどのような状態で売られているかを含め，そ
の商品と出会えるかと聞いたところ，フェアトレードは71人中50人が袋と
回答したのである。たしかに，豆が袋に入っている状態で販売されているも
のは多い。値段に関しては高額という回答が71人中48人であった。67.6％
の学生たちが高額だと感じていることになる。味については悪いと解答した
学生が71人中25人であった。味に関しては「悪い」「まずい」「おいしく

図表3-2　フェアトレードコーヒーとそれ以外のコーヒーとのイメージの比較

(n＝71)

| | フェアトレード | メーカー | 喫茶店 | コンビニエンスストア |
|---|---|---|---|---|
| 商品 | 焙煎豆 | 缶コーヒー | 入れたてのコーヒー | ペットボトル |
| 形状 | 袋 | 自動販売機 | カップ | 立ち飲み |
| 値段 | 高額 | 安価 | 高級 | 手頃な値段 |
| 味 | 悪い | 万人向け | 専門的 | 種類が多い |

出所：筆者作成。

ない」「ざらっとしている」「きつい感じがする」「雑だ」「なめらかではない」「酸っぱい」等というネガティブな回答があった。一方，「素朴な感じ」「ヘルシーな味」「やさしい」「おいしい」「外国産の味」「深みがある」等というポジティブな回答もあり，味に関しては賛否両論の結論であった。フェアトレードの多様なイメージと比較すると，メーカー，喫茶店，コンビニエンスストアのイメージはいずれも 70％以上の学生の回答となり，画一的な評価がなされていることがわかった。

　次にフェアトレードのチョコレートはどのような特徴を有していると思うか（イメージ）あるいはどのようなコトを感じるかを，チョコレートを知っていると回答をした 79 人（男子 41 人，女子 38 人）に尋ねてみた。その結果を図表 3-3 にまとめた。調査時期は図表 3-2 と同様である。

　図表 3-3 ではすべての回答を掲載しているのではなく，4 人以上が同じ回答をしたものを掲載した。4 人は全体（79 人）の約 5％に当たる。また，厳密にはまったく同じ解答ではないものもある。たとえば「生産者の顔が見

#### 図表 3-3　フェアトレードチョコレートの特徴として感じること

$(n = 79)$

| | |
|---|---|
| 生産者の顔が見える | 生産地域が明確である |
| 有害な添加物が入れられていない | 自然の恵みを想起する |
| 社会とのつながりを感じる | 人の手によるところが大きい |
| 材料であるカカオの質の良さを感じる | 作り手を思い浮かべる |
| カカオが本物であると思う | 作り手の生活が見える |
| 大規模な農園を想起する | 自分が貢献していると感じる |
| グローバルさを感じる | 幸せな気分になれる |
| 女性の地位向上がこめられている | 地球環境に優しい |
| 本物のチョコレート感 | 素材がしっかりしている |
| 誰かの役にたった気がする | 正当性を感じる |
| うしろめたさがない | 正しい対価を払った |
| 満足を感じる | 主張を感じる |
| 専門性を感じる | 特別感がある |
| 値段が高い | 高額商品となっている |
| 甘さがおさえ気味である | 苦い感じがする |
| 板チョコである | サイズが大きい |

出所：筆者作成。

える」は 52 人が挙げた回答だが，「生産者が誰かわかる」「生産した人がどこの人がわかる」「作り手の顔が見える」などの回答をまとめて「生産者の顔が見える」とした。図表 3-3 に掲載した回答の他には「貧しさを感じる」「メーカーのものよりもおいしくない」「雑な味がする」「メーカーのものよりも硬い」「パッケージなどのフェアトレードの説明が邪魔に感じる時がある」「偽善を感じる」「啓蒙的すぎる」「パッケージがださい」というどちらかと言えばネガティブな意見もあった。

洋服に関しては男女共に知らない者が多く男子 44 人（58 人中），女子 34 人（49 人中）でいずれも 4 人のうち 3 人は知らないことになった。そこでフェアトレードの洋服については調査対象者 107 人全員にイメージを尋ねた。質問項目に対して，イメージがある，ない，どちらでもない，の 3 件法を用いた。ここで設定した 15 の質問項目は中川（2004，p.58）の「表 5-1　服装イメージの測定」を引用した。中川は 5 段階尺度を使用しているが，本研究では 5 段階尺度を使用しなかった。理由は，そもそもフェアトレードの洋服を知らない人が 75％を占める中で，有無を尋ねているのに「ややある」「ややない」というような回答の幅を広げても，正確なデータになるとは考えにくいからである。結果を図表 3-4 に示す。

図表 3-4 からわかることは，フェアトレードの洋服にあるイメージとして「シンプルな」「大人っぽい」「直線的な」「カジュアルな」が得られたことである。いずれも 65 人以上の回答を得た項目である。65 人は全体の 60.7％となり，6 割を超える目安の人数である。一方，イメージがないと回答された項目は「派手な」「上品な」「ロマンチックな」「個性的な」の 4 つであった。

フェアトレードのアクセサリーについては図表 3-1 に示したとおり，回答結果は洋服と大差はなかった。よって，イメージも図表 3-4 の洋服の結果から大差がないのではないかと推測できる。ただし，アクセサリーはその種類が多く，指輪，ネックレス，ブレスレット，ブローチなど多岐に渡る。最近はハンドメイドのアクセサリーも流行しているので，品質にも価格にも幅がある商品である。素材に関しても，シルバー，ゴールド，プラチナ，天然石，ビーズ，ガラス，真鍮，アクリル，セルロイド，チタンなど幅広く使

図表 3-4　フェアトレードの洋服に対するイメージ

（単位：人，n = 107）

| 項目 | イメージがある | どちらでもない | イメージがない |
|---|---|---|---|
| 明るい | 28 | 52 | 27 |
| 若々しい | 35 | 49 | 23 |
| シンプルな | 69 | 14 | 24 |
| 派手な | 23 | 17 | 67 |
| 大人っぽい | 65 | 17 | 25 |
| 軽やかな | 27 | 51 | 29 |
| モダンな | 19 | 42 | 46 |
| 上品な | 24 | 15 | 68 |
| ロマンチックな | 27 | 11 | 69 |
| 男性的な | 45 | 24 | 38 |
| 直線的な | 66 | 25 | 16 |
| スポーティな | 38 | 42 | 27 |
| 個性的な | 26 | 15 | 66 |
| カジュアルな | 67 | 25 | 15 |
| 流行の | 26 | 34 | 47 |

出所：筆者作成。

われており，自然の素材（木の実，草花），布，粘土なども使用されている。よって，アクセサリーに関しては商品がフェアトレードであるか否かよりも，購入の際には用途，色，素材，価格，好みなどが考慮され，選択されると考えられる。その場合，フェアトレードのアクセサリーか否かを注視しないまま購入することも考えられる。

　フェアトレードの花は洋服やアクセサリーよりも「知らない」という大学生がさらに多く，全体の 107 人中男女をあわせて 16 人しか「知っている」大学生がいなかった（図表 3-1）。特に男子は 5 人しか知っている者はいなかった。原因としては男子にとって「花」という商品そのものが身近ではなく，購入機会が少ないからであろう。ただし，大学生にとっては男女を問わず，花の売り場に行く用事が日常的にはないことも原因である。よって，目にする機会も少ないと言えよう。花に対する関心が低いので，そこでフェアトレードの花が売られていたとしても印象には残らないと考えられる。

## 3-2　大学生を対象とした提言

　図表 3-1 の結果から考察すると商品の認識への傾向は，コーヒーとチョコレートがひとつのくくり，洋服とアクセサリーがひとつのくくり，そして花がひとつのくくりになると考えられる。

　さて，フェアトレードのコーヒーは知っているが，飲んだことはないという大学生に，なぜ飲まないのかと尋ねたところ，身近に購入する場所がない，コーヒーを豆から挽いて飲まない，試飲などがない等の回答を得た。彼らはコーヒーをスーパーマーケット，コンビニエンスストア，自動販売機で購入するが，その折にはペットボトルでの購入が多いと考えられる。またコーヒーの購入者も女子よりも男子大学生に多く，女子大学生はフェアトレードのコーヒーを飲んだことがないという以前に，コーヒーそのものもあまり飲まないということからコーヒーに縁遠いケースが多い。このような実態にかんがみると，まずはフェアトレードコーヒーを飲む機会をつくることから始めなければならない。そのためには，たとえばスターバックス（Starbucks）のように，コーヒー豆での販売だけではなくその場で注文に応じてコーヒーを提供してくれる場所が必要である。フェアトレードのチョコレートに関しては，日本では気温の関係で冬場の限定品が多いが，2 月のバレンタインにはチョコレートの販売率が伸びる。そこで，フェアトレードのチョコレートも目にする機会はある。そのような機会をいかに活用できるのかが売上を伸ばす勝敗を分けるであろう。

　今回の調査結果では，フェアトレードの洋服とアクセサリーに関しては認知度が低かった。ただし，大学生にはどちらも身近な商品であることから，今後の購入には期待できる分野ととらえられる。現時点では，1995 年に設立されたフェアトレードカンパニー株式会社が専門ブランドとして立ち上げた「People Tree」では衣服，アクセサリーという服飾雑貨の販売をしている。それだけではなく，チョコレートをはじめとする食品，日用雑貨も扱っており，商品開発や仕入・販売に携わっている[18]。すでに既存の会社が販売を手掛けているので，いかにフェアトレードの衣類に価値があるのかを告知していく努力が必要である。それは企業の広告だけではなく，価値の創造から始

めなければならないであろう。花についてはまさに目にふれる機会の創造か
ら始めなければならない。大学生たちの生活の場に花をどのように持ち込む
のかを考えていく必要がある。

　図表 3-4 の結果から考察すると，フェアトレードの洋服には「シンプル
な」「大人っぽい」「直線的な」「カジュアルな」イメージが大学生の中に存
在する。これらをさらにアピールすればよりそれらのイメージが定着してい
く可能性がある。そのためには，これらのイメージの要素が含まれるデザイ
ンの洋服の製作が必要になる。「大人っぽい」と「カジュアル」は最近まで
は同じ軸上の概念ではなかったが，平均寿命が延びてきた現在は「大人のカ
ジュアル」も受け入れられ，年齢層の広がりが期待できる。フェアトレード
の洋服としての特徴を前面に出すことはそれが差別化できることになる。そ
の差別化がフェアトレードという「ブランド」に成長していくと考えられる。

## 4.　大学生の消費傾向とフェアトレード商品への購入意識

### 4-1　大学生のふたつの消費傾向

　最近の傾向は「メルカリ」に代表されるように，提示された金額で商品を
購入するだけではなく，やりとりをしてお互いが納得をした価格での取引を
している。この行為を滋野ら（2018）は「消費者は，品やサービスの購入
を意思決定する評価基準をすでに保有している」からであると説明している。
つまり，個人の価格観があり，いわゆる値ごろ感が個別に形成されているの
である。さらに，「その基準にもとづき購入すべきか否かが検討され，購入
後にもその選択が正しいものであったか確認し，自己判断の正当性を強化し
て，心理的安定感を得る行動を行う」[19]と述べている。購入後の満足度も，購
入した商品に金額が見合っていたのか否かによって大きく影響するとしてい
る。フェアトレードの考え方としては，従来の値段の安さで選択するのでは
なく，新しい価値を見出す購入基準を保有してほしいということである。長
尾（2008）は「『安くて良いモノ』」を求めるのは，消費者の心理であり，権

利でもある。でもこれからは，モノの価値を値段ではなく，地球全体の暮らしに置き換える時期にきているのではないだろうか」[20]との問題提起を行っている。

　大学生たちにとって，自分が購入したものを他者に販売する行動は当たり前になっている。また，店舗からの購入だけではなく，インターネットを活用する購買行動も珍しくはない。彼らはいつでもどこでもスマートフォンから商品を購入することが可能なのである。また，不要であると判断すれば「メルカリ」やその他の買い取りシステムを利用して売却する。必要な時に必要な分だけ使用するという考え方である。これは利便的で合理的な消費傾向と言えよう。この合理的な消費傾向はロスを嫌う心理にも通じている。時間の無駄，資源の無駄遣いにならない行動はそのままエシカル消費にもつながると考えられる。

　もうひとつの傾向としては支援消費である。大げさな支援はできなくても，日々の買い物の中で，少しでも誰かの役に立つのならば，そちらの商品を購入してもよいという考え方である。たとえば，インターネットの普及で有名になったクラウドファンディングに対しても大きな抵抗なく，利用している。クラウドファンディングは群集（クラウド）と資金調達（ファンディング）とを組み合わせた造語であると言われているが，まさに大学生たちは群集のひとりとして，支援するのである。

　このふたつの傾向には一致する心理があると考えられる。それは資源やお金を効率よく利用して，少しでも多くの人々の満足につながればよいとする考え方である。フェアトレード商品の購入意識を喚起するためには，後者の支援消費とあわせて考えることができるであろう。村田（2005）は「熱帯産品の大市場であるわが国におけるフェアトレード運動の前進は，途上国支援で大きな役割を果たすことができる」と指摘している。また，「生協のフェアトレード運動の前進は，スーパーマーケット・チェーンや外食産業界への，『良いビジネス』への圧力となる」[21]ことも述べている。全国で生協に加盟している大学は 2019 年 12 月末では 214 で，会員数は 157 万 6185 人である[22]。大学生にとって学内にある大学生協を利用することは日常生活の一部であるため，購入のハードルは低くなるだろう。

　さて，ここで 50 歳台前後および 70 歳台以上の方を対象に商品認知に対する調査を実施した。50 歳台前後および 70 歳台以上の商品認知と大学生たちの商品認知（図表 3-1）を比較することを目的とした調査である。50 歳台前後は大学生たちの親世代，70 歳台以上は大学生たちの祖父母の世代に該当する。なお，ここでは対象をいずれの世代も女性とした。調査対象者は関西に立地する女子総合大学・短期大学の卒業生たちである。調査期間は2022 年 8 月 3 日から 25 日までである。Google フォームと郵送法を利用し，回答数が合計 100 人になるまで続けた。調査結果の使用目的は学術的なもの以外には使用しないことをはじめとし，個人の匿名性の担保など，調査の概要と趣旨については調査を開始する前に提示し，同意を得た者を対象とした。

　世代によって，商品認知が異なるのか異ならないのかを明らかにすることで，日本においてフェアトレード商品の普及に対して，どの世代を優先すればよいか，あるいはどこに認知度を高める努力が必要なのかということが明らかになる。それらが明らかになれば，セグメントされた消費者層に向けての広報が可能になるというメリットが考えられる。結果は図表 3-5 に示し

図表 3-5　商品認知に対する調査結果（50 歳台および 70 歳台以上の女性）

(n＝100)

| 質問項目 | | 50 歳台前後(50 人) | 70 歳台以上(50 人) |
|---|---|---|---|
| フェアトレードという言葉を聞いたことがあるか | ある | 41 | 10 |
| | ない | 9 | 40 |
| フェアトレードのコーヒーを知っているか | 知っている | 40 | 10 |
| | 知らない | 10 | 40 |
| フェアトレードのチョコレートを知っているか | 知っている | 41 | 9 |
| | 知らない | 9 | 41 |
| フェアトレードの洋服を知っているか | 知っている | 11 | 6 |
| | 知らない | 39 | 44 |
| フェアトレードのアクセサリーを知っているか | 知っている | 12 | 5 |
| | 知らない | 38 | 45 |
| フェアトレードの花を知っているか | 知っている | 35 | 10 |
| | 知らない | 15 | 40 |

出所：筆者作成。

たとおりである。図表 3-1 と比較して明らかに異なる数値は，フェアトレードの花を知っているかという問いに対する回答である。50 歳台前後の女性の方が知っているという回答が学生たちよりも多い。

　図表 3-5 を見ると 70 歳台以上の女性においてフェアトレードという言葉の認知が低くなった。ただし，彼らが環境問題などに興味がないわけではない。なぜならば，SDGs という言葉については 50 人中の 45 人が知っており，エコという言葉については 100％の人が知っていたからである。この世代にフェアトレードの情報が届いていないという結果と考えられる。

## 4-2　フェアトレード商品への購入意識

　大学生の認知傾向（図表 3-1）を見ると，フェアトレード商品を受け入れる素地があると言えよう。ただし，現実的に購入するか否かという意思決定は個人差があると考える。ここではフェアトレード商品をよく購入する大学生 5 人（男子 2 人，女子 3 人）と購入しない大学生 5 人（男子 2 人，女子 3 人）にそれぞれ聞き取り調査を実施した。期間は 2020 年 11 月 28 日から 12 月 4 日までである。この期間に時間設定を 45 分として Zoom を利用して聞き取り調査を実施した。聞き取り調査の結果を図表 3-6 に示した。図表 3-6 には少なくともそのカテゴリー，たとえば男子なら 2 人，女子なら 3 人が共通して挙げた理由のみを記載している。よって個別には図表 3-6 に記載したもの以外の理由も存在している。たとえば，よく購入する女子の中には，どうしてもフェアトレード商品をひとつでも購入して他の人に見せ，フェアトレード商品を知ってもらいたいという理由もあった。一方，不購入の女子の中には，フェアトレード商品にはアースカラーを意識しすぎて，くすんだ色味の洋服が多く，自分の好みにあわないという理由が挙げられていた。よく購入する男子の中には，フェアトレード商品を研究して将来的には仕事にしたいという理由を挙げた者もいた。不購入の男子の中には，同じ金額を出すならば，日本産のものを購入したいという理由を挙げた者もいた。

　購入理由では男女共に，値段以上の価値を感じる，生産者の顔が見える，地球環境に優しい，支援したい，原材料が明確，という理由が挙げられた。地球環境に優しいという理由などは SDGs にも通じている。小坂（2020）も

図表 3-6　大学生のフェアトレード商品の購入あるいは不購入の理由　(n = 10)

| 購入理由 |
|---|

| 男子 | 値段以上の価値を感じる，生産者の顔が見える，地球環境に優しい，支援したい，原材料が明確，製品がしっかりしている，知らない商品に魅力がある，珍しいから，コーヒーなどは習慣だから，幸せな気持ちを分かちあえる，経済支援になるから，人の手作業の魅力が伝わるから，この活動を広げたいから |
|---|---|
| 女子 | 値段ではない価値がある，生産者の顔が見える，地球環境に優しい，支援したい，原材料が明確，幸せな気持ちを分かちあえる，女性の地位向上を支援したい，女性の手作業を応援したい，ハンドメイド感がある，珍しいから，異国を感じる，刺繍などは伝統技術を感じる，大量生産にはない良さを感じる |

| 不購入理由 |
|---|

| 男子 | 高額である，製品の品質が悪いイメージがある，商品に魅力がない，粗悪である，デザインが日本人向けではない，ありきたりな商品である，値段が高いのに高級感がない，細かな工夫がされていない，男性向けがない，どこで購入できるのかがわからない，近くに販売されている店舗がない |
|---|---|
| 女子 | 高額である，製品の品質が悪いイメージがある，商品に魅力がない，洋服やアクセサリーのデザインが良くない，洋服が無難すぎる，フェアトレード商品を買う理由がわからない，品質に問題がある，雑貨や小物は作り方が粗い気がする，ギフトには向かない気がする，すべてにおいておしゃれではない，アジア風すぎて使いにくい，商品そのものを見る機会がない，種類が少なく選択肢が狭い |

出所：筆者作成。

フェアトレードと SDGs との関係は相乗効果があると述べている。

　不購入理由では男女共に，高額である，製品の品質が悪いイメージがある，商品に魅力がない，という理由が挙げられた。不購入理由の「製品の品質が悪いイメージがある」については現地での生産の指導者が苦労している所である。また，女子が理由として挙げている「粗悪である」「雑貨や小物は作り方が粗い気がする」という点においては，長尾（2008）も「日本の消費者は欲求が高く，サイズが 1cm でも違えば，その商品は売れません」[23]と厳しい現状を現地生産者に説明し，「少し糸がほつれているだけでもやり直す」指導を根気良く続けなければならないことを述べている。

　このように個々の購入の意思決定をフレームワークとして図表 3-7 に示した。このフレームワークをもとにフェアトレードの購入者の行動を見ると，

図表 3-7　消費者意思決定プロセスのフレームワーク

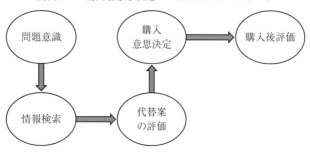

出所：フィル・ターンブル（2018）「図 3.7　消費者意思決定プロセスの
　　　フレームワーク」，p.141。

　購入者は地球環境や公正な貿易の在り方などに対する問題意識がある大学生
と言えよう。フェアトレードに対する情報も得ている可能性がある。これに
は商品情報も含まれる。
　図表 3-7 によると情報検索の次に代替案の評価になるが，代替案はおそ
らく日本の他のメーカーの商品との比較が当てはまる。この代替案の評価は
特に不購入者の大きな理由のひとつになっている。日本のメーカーの 100 円
のチョコレートをコンビニエンスストアで選ぶのか，あるいは 400 円のフェ
アトレードのチョコレートを選ぶのかという場合に，不購入者の大学生たち
は価格に対する意識として，400 円のフェアトレードのチョコレートが高額
であると判断して買わないのである。
　この結果からフェアトレード商品が購入されるためには，何が必要である
のかを考察すると，値段以上の価値が必要であることがわかる。また，意思
決定のスタートにあたる問題意識をしっかり持ってもらうために，フェアト
レード活動を理解してもらわなければならない。そのための情報を少しでも
多く，インターネットを通じて示すことが必要であろう。もちろん，小中高
校の授業の中でフェアトレードを学ぶ機会を与えることも有効な手段のひと
つである。フェアトレード商品が他の商品とは異なる意味を持ち，それが価
値になれば差別化ができる。この差別化が成功すれば，そこにブランドにな
る可能性が見出せる。フェアトレードの商品に対して，他とは異なる価値を
大学生たちが見出してくれれば，それが今後，日本の市場でフェアトレード

が拡大できる要因になるのである。

## 5.　今後の課題

　清水（2008）や長尾（2008）が著書の中で指摘しているように，フェアト
レードという言葉は日本にも普及しつつある。「発展途上国の農産物や手工
業品を公正な価格で買い取ることを唱える運動。また，そのような売買」[24]
というフェアトレードの意味を知っている，あるいはイメージできる大学生
も増えてきている。日本市場に入ってくるフェアトレードの商品の多くは珍
しいものではない。代表的な品であるコーヒーやチョコレートは誰もが良く
知っている商品だからである。今回の調査でもフェアトレードのコーヒーを
66.4％，チョコレートを 73.8％の大学生が知っていると回答した。コーヒー
に関しては知ってはいるが飲んだことがないという大学生が男子 37.5％，女
子 35.4％となり，袋にコーヒー豆を入れての販売だけではなく，飲む機会を
つくることが必要である。また，チョコレートも生産者の顔を見せ，環境に
配慮していることはわかるが，他のメーカーのチョコレートと比較した場合
の値段の高さ，味，パッケージには今後の改善が必要であろう。50 歳台前
後の世代は花については，大学生たちよりも認知度が高いという結果となっ
た。花については大学生たちよりも 50 歳台前後の世代の女性の方が身近な
商品になっていると考えられる。70 歳台以上の女性については，フェアト
レードの商品，あるいはフェアトレードそのものの情報が届いていないとい
うことが考えられる。

　フェアトレードの洋服やアクセサリーに関しては，日本市場での将来性は
考えられるが，ファッション製品についての評価は，辻（2018）の調査で
はスカートやパンツに関しては低い評価となった。フェアトレードの洋服に
関するイメージとして「シンプルな」「大人っぽい」「直線的な」「カジュア
ルな」という要因が得られたので，これらの要因を活用するような洋服の提
案も重要になるであろう。

　大学生の消費傾向には利便的・合理的な消費傾向と支援消費の傾向が見ら

れるが，フェアトレードに関しては，後者の支援消費につながるものと考えられる。なお，調査からはフェアトレード商品をよく購入する学生と購入しない大学生との間で意識の差が見出せた。購入しない大学生たちの多くはフェアトレード商品を高額だと判断し，単純に価格で興味を失っているのである。マーケティングに関しては，製品，価格，販売促進，流通が4Pと呼ばれ，特に重要な要因である。その中の価格という面でフェアトレード商品は，他の既存のメーカーの商品と比較すれば割高になる。なぜ割高なのかという理由や背景までを知ることができれば，大学生は価格のみで判断することなく，フェアトレード商品を購入するという選択もするであろう。フェアトレード商品への購入意識を高めるためには，4Pだけではなく，商品の差別化，つまりブランド化も視野に入れなくてはならない。フェアトレード商品を購入し，使用することに価値を見出すことが，フェアトレードをブランドとして認める大学生を生み出す方策となる。

＊本章は，辻幸恵（2021）「フェアトレード商品に対する大学生の意識」『神戸学院大学経営学部論集』17（2），pp.1-19 に掲載された論文に，加筆，修正を行ったものである。

注 ――――――――――――――――――――――――――――――――――●

1 清水（2008）p.2 から引用。同頁には「流通ルートの終着点となる先進国の消費者が安い商品を求める結果，生産者と消費者の中間に位置する仲買人や商社などの流通業者がコストを可能な限り抑えるために生産物を不当な安価で生産者から買いあげる」と述べ，消費者のニーズにも原因があることを指摘している。
2 au の CM「意識高すぎ！高杉くん」というタイトルの広告である。この CM は au ではシリーズ化されている。
3 新村出編（2018）『広辞苑（第7版）』岩波書店，p.2528 から引用。
4 フェアトレード商品に対するイメージを辻（2018）でアンケート結果として示しているが，高額であるというイメージが得られた。
5 新村出編（2018）『広辞苑（第7版）』岩波書店，p.1451 から引用。
6 滋野ら（2018），p.35 から引用。本文の続きには「消費者が事前に保有する基準は，レファレンス・ポイントと呼ばれる。価格がこの基準より低い場合は安いと感じ，高い場合は高額だと感じるため購入を差し控えたりする」と記されている。

7　日本マーケティング・リサーチ協会編（1995）『マーケティング・リサーチ用語辞典』同友館，pp.ⅱ，16 から引用。

8　持続可能な社会については，SDGs などの目標にも掲げられている。身近な環境問題も含まれている。

9　goo 辞書，https://dictionary.goo.ne.jp/word/%E7%90%86%E8%A7%A3/ を参考にした（2022 年 10 月 8 日閲覧）。

10　Google フォームに関する記述は，以下のサイトから説明文を一部引用した。
https://www.google.com/search?q=%E3%82%B0%E3%83%BC%E3%82%B0%E3%83%AB%E3%83%95%E3%82%A9%E3%83%BC%E3%83%A0toha&rlz=1C1AGAK_jaJP961JP961&oq=%E3%82%B0%E3%83%BC%E3%82%B0%E3%83%AB%E3%83%95%E3%82%A9%E3%83%BC%E3%83%A0toha&aqs=chrome..69i57j0i4i512l2.2084j0j7&sourceid=chrome&ie=UTF-8（2022 年 9 月 19 日閲覧）。本文の続きには「作成したフォームはフォーム単体のページとして運用したり，Web サイトに埋め込むことが可能です。専門知識がなくても気軽にフォームを作れるため，急ぎでフォームが必要な方や，試しに作成してみたいという方におすすめのサービスです」と掲載されている。

11　トップバリュホームページ，https://www.topvalu.net/brand/kodawari/csr/fairtrade/（2022 年 10 月 12 日閲覧）によると，「社会課題の対応」として，「対等なパートナーづくり，公正な取引の基盤として，私たちはイオン行動規範があります。またトップバリュでは，お取引先様に向けた行動規範として「イオンサプライヤー CtoC」を制定し，製造委託先に遵守のお願いをしています。このような行動規範の根幹にはイオンの基本理念があります。平和・人間・地域を大切にするイオンの基本理念があります。平和・人間・地球を大切にするイオンにとって，フェアトレード商品はこの基本理念を具現化したもののひとつなのです」と掲載されている。

12　滋野ら（2018）の「第 2 章　製品政策」「図 2-4　製品ライフサイクル（製品寿命）」を参考にし，p.17 を引用した。本文以外にも，導入期においては「画期的な新製品の場合，製品そのものとその価値を知ってもらうことが重要。すでにほかの企業が，類似する製品を市場に導入している場合はブランドを確立することが重要になる」と記されている。また成長期についても「他社との差別化を図り，ブランド・ロイヤルティの確立を目指す時期」と付されている。

13　'Max Havelaar' は本のタイトルである。著者はムルタトゥーリ（Multatuli）である。19 世紀から 20 世紀初頭におけるオランダ領東インドにおける現地の生産者と搾取する側の様子が書かれている。この本は一般的には倫理政策のきっかけとなった本とも言われている。

14　たとえば食品であれば，次のようなものが分類される代表的な製品として知られている。コーヒー（焙煎豆），生鮮果物（バナナ，りんご，アボカド，ココナッツ，

レモン，オレンジ，ワイングレープ），カカオ（チョコレート），蜂蜜（蜂蜜），ナッ
ツ（カシューナッツ，胡桃，アーモンド，マカデミアナッツ）などである。この他に
もスパイス・ハーブ，茶なども有名である。

15 静岡文化芸術大学ホームページ，https://www.suac.ac.jp/about/fairtrade/（2020 年
12 月 10 日閲覧）から引用。

16 NPO NEWS ホームページ，https://nponews.jp/article/fairtrade-university/（2020 年
12 月 10 日閲覧）から引用。

17 外務省のホームページには以下のように説明がなされている。https://www.mofa.
go.jp/mofaj/gaiko/oda/sdgs/about/index.html（2021 年 1 月 8 日閲覧）。ここには，続
可能な開発目標（SDGs）とは，2001 年に策定されたミレニアム開発目標（MDGs）
の後継として，2015 年 9 月の国連サミットで採択された「持続可能な開発のための
2030 アジェンダ」にて記載された「2030 年までに持続可能でよりよい世界を目指す
国際目標」と説明がなされている。

18 People Tree のホームページを参考にした。会社概要の設立の欄には「1995 年 1 月，
環境保護と途上国支援を目的とした，ビジネスの実践と普及を目指して設立」と掲載
されている。従業員数は 8 名，創設者は取締役がサフィア・ミニー，代表取締役社
長はジェームズ・ミニーとある。資本金は 6000 万円，売上高は 8 億 1681 万円（2021
年）となっている。https://www.peopletree.co.jp/about/index.html（2023 年 8 月 1 日
閲覧）。

19 滋野ら（2018），p.35 の「第 3 章　価格政策」を引用した。消費者の値ごろ感とは
別に，事前に保有する基準のことをレファレンス・ポイントということもここでは加
筆されている。この基準よりも低ければ，消費者が安いと感じ，高ければ値段が高い
と感じるターニングポイントである。

20 長尾（2008），p.18 を引用した。同頁には「先進国は貨幣価値の違う途上国だから
安くて当たり前というのではなく，同じ地球に住む人が手をかけて作ったモノ，ある
いは働いた力という理解をして，それに見合う適正なお金を払って「フェア」に取り
引きをするべきではないか」と述べている。

21 村田（2005），pp.54-55 を引用した。村田はさらに同頁で「食品企業の海外現地工
場の原料調達や工場労働者の雇用労働条件が現地のニーズにふさわしいものになり，
生産農家レベルでの加工水準の引上げのための技術指導や共同出荷体制づくりのため
の支援が進出企業の現地での社会的責任として推進されるならば，それは単なる資源
収奪的存在としてではなく，途上国経済発展に貢献する存在として認知されることに
なるでしょう」と述べている。

22 「大学生協 REPORT 2023」によると，215 大学が加入していることが記載されてい
る。正式名称は全国大学生活協同組合連合会で，一般的には略称の全国大学生協連
と呼ばれている。設立は 1947 年 5 月 25 日である。2022 年 9 月 30 日現在で会員数

153 万 8258 人の出資金は 9 億 6726 万円，会員合計事業高は 1308 億円（2021 年度）と報告されている。https://www.univcoop.or.jp/coop/report/report07.html（2023 年 8 月 7 日閲覧）。

23 長尾（2008），pp.85-86 を引用した。続きには「生産者には，現地の市場と日本の市場は違う，ということを根気よく説明する必要もあります。そして，少し糸がほつれているだけでもやり直す，といった厳しいチェックをしながら，生産者の技術力向上につなげる努力を重ね，直接技術指導をするために担当者は半年に 1 回程度，現地へ行っています」と現状を記載している。

24 注 3 に同じ。

## 参考文献 ●

青木幸弘・新倉貴士・佐々木荘太郎・松下光司（2012）『消費者行動論—マーケティングとブランド構築への応用—』有斐閣。

池尾恭一・青木幸弘・南智惠子・井上哲浩（2010）『マーケティング』有斐閣。

オックスファム・インターナショナル著，村田武監訳，日本フェアトレード委員会訳（2003）『コーヒー危機—作られる貧困—』筑摩書房。

黒田重雄・金成洙編著（2013）『わかりやすい消費者行動論』白桃書房。

小坂真理（2020）「フェアトレードによる SDGs への相乗効果」『環境情報科学　学術研究論文集』34，pp.19-24，東海大学。

滋野英憲・辻幸恵・松田優（2018）『マーケティング講義ノート』白桃書房。

清水正（2008）『世界に広がるフェアトレード—このチョコレートが安心な理由—』創成社。

スティグリッツ，J. E.・チャールトン，A. H. G. 著，浦田秀次郎監訳・解説，高遠裕子訳（2007）『フェアトレード—格差を生まない経済システム—』日本経済新聞出版社。

田村正紀（2017）『贅沢の法則—消費ユートピアの透視図—』白桃書房。

辻幸恵（2016）『リサーチ・ビジョン』白桃書房。

辻幸恵（2018）「フェアトレード・ファッション商品に対する女子大学生の評価」『繊維機械学会誌　せんい』71（12），pp.39-43。

辻幸恵（2020）『持続可能な社会のマーケティング』嵯峨野書院。

中川早苗編（2004）『被服心理学』日本繊維機械学会。

長尾弥生（2008）『フェアトレードの時代—顔と暮らしの見えるこれからの国際貿易を目指して—』日本関克協同組合連合会出版部。

長坂寿久編著（2008）『日本のフェアトレード—世界を変える希望の貿易—』明石書店。

長坂寿久編著（2009）『世界と日本のフェアトレード市場』明石書店。

ハリスン，M. 著，工藤政司訳（1990）『買い物の社会史』法政大学出版局。

フィル，C.・ターンブル，S. 著，森一彦・五十嵐正毅訳（2018）『マーケティング・コ

ミュニケーション―プリンシプル・ベースの考え方―』白桃書房。

村田武（2005）『コーヒーとフェアトレード』筑摩書房。

山本浩二・上野山達也編著，大阪府立大学マネジメント研究会著（2017）『マネジメント講義ノート』白桃書房。

Ashwani, M., and Rui, J. Z.（2005）"Buyers versus sellers: How they differ in their response to farmed outcomes," *Journal of Comsumer Psychology*, 15（4）, pp.325-333.

# 第 4 章

# フェアトレード・ファッション商品に対する
# 日本市場の位置付けとイメージ

## 1. ファッション商品に対する考え方

### 1-1　ファッションの意味と心理的背景

　ファッションとは,「生活行動のさまざまな面で,ある一定の時期に,ある価値観に基づく共有の現象が,少数の集団から多数の集団へと移行していく過程の総称。すなわち,思想,言語,芸術などの無形のものから,衣食住などの生活様式にまで表れる『はやり』のこと。しかし,この意味での『はやり』は,一般には服飾のうえでもっとも顕著にみられるために,ファッションは『服飾流行』と訳される場合が多い」[1] とある。ファッションという言葉は誰でもが知っている言葉のひとつではあるが,服飾だけではないことがこの定義から理解できる。

　ファッションは「はやり」つまり流行でもあるので,移り変わるものである。多くの人々が同じようなテイストを持った洋服を着ていれば,それが「流行している」ことになる。昭和の時代では,その傾向が顕著であったため,今,何が流行しているのかがすぐに理解できたが,現在はファッションも多様化し,昔のように顕著な傾向は表れなくなった。たとえばスカートの丈でも,昭和時代であれば,同じような形のミニスカートを多くの女性がはいている場合,ミニスカートが流行しているとすぐにわかったが,今はロング丈がやや多いとしてもショート丈もありスカートの丈だけでは何が流行を

しているのかがわかりにくくなっている。しいていえばパンツの型でワイド型と呼ばれている比較的ゆったりしたシルエットのパンツが流行しているようだが，同時にジーパン，細身のパンツも着用されており，いわば流行気味であるという程度である。

本章ではファッションの中でも，フェアトレードのファッション商品に対するイメージに着目する。なお，イメージ（心像）は「現実に感覚刺激が与えられていない場合に生じる感覚類似の経験」[2] と説明されている。それゆえ，商品に対するイメージは感覚類似の経験であるため，フェアトレード以外のファッションからの影響も考えられる。

さて，フェアトレード商品の中でファッションに着目したのは以下のふたつの理由からである。

ひとつ目は，日本市場を考えた場合，チョコレートやコーヒー等の食品・飲料系の商品の市場規模は順調に伸びているが，衣類やインテリア商品に関しては，飲食の商品よりも伸び率が控えめになっている。そこでファッション商品の分野の将来性について検討をする必要があると考えたからである。

ふたつ目は，調査対象者を大学生としたが，大学生にとってファッションは身近な話題で，手にいれやすい商品でもあるからである。そもそもファッションはいつの時代でも若者にとっては関心の高い分野であり，その時代ごとの特徴が顕著なものでもある。また，若者に限らず，衣生活としてとらえれば，老若男女を対象にできる商品でもあり，消費者側の購買行動や購買意識を探求する事例として適していると考えたからである。

ただし，チョコレートやコーヒーなどの食品・飲料系とは異なり，ファッションには流行，個人差などの要因もあり，単純に価格だけの問題ではないため，複数の要因下でフェアトレード商品がどのように受け入れられるのかということを考察しなければならない。つまり，ファッション（流行）は時代背景や経済事情からの影響があると共に，それに関連する商品は個人の価値観（心理）が反映されていると考えられる[3]。これに対しては藤原ら（2005, p.1）が「服飾は着用者の考えによって規定されるとともに，その着用者自身の気分や感情にも作用する」と述べている。さらに「着用者の服飾は他者によって観察され，着用者と他者との相互作用に影響することも多い」と，

図表 4-1　着用者と他者との関係図

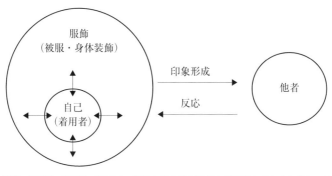

出所：藤原ら（2005）「図 1-1　服飾とその着用者および他者とのかかわり」，p.2。

周囲の人々へ波及する効果についても述べている[4]。ここで，服飾が着用者に影響を及ぼす心理を図表 4-1 に示した。図表 4-1 左に示すように，服飾という大きな装飾環境の中に自己（着用者）が位置している。その自己から双方向に描かれた矢印は，服飾という環境（社会）と自己という個人の間の双方向的心理状態を示している。また，自己（着用者）の装いが図の右に示した他者への印象（イメージ）になることも矢印によって示されている。他者からは着用者に対する反応がある。この反応は，場合によっては着用者に対して好ましいものではない場合もある。この反応を考慮した上で，自己の意識を変化させる着用者も多いのである。

## 1-2　製品のライフサイクル

　一般的な製品のサイクルとしては図表 4-2 に示すように，どのような製品（商品）であっても，流行後は成熟期をむかえ，その後は衰退期に入り，やがてその商品は市場から姿を消すことになる。また，現実的には市場に導入されても成長期を迎えずに淘汰されてしまう商品も多い。

　滋野ら（2018）は，導入期を「企業が新製品を市場に送り出す段階」，成長期を「製品についての認知度が浸透し，その価値の高さが認められると売上高が急速に伸びる段階」，成熟期を「売上高の伸びが鈍化し飽和点を迎える段階」，衰退期を「市場には同様のニーズを代替するより優れた製品が導

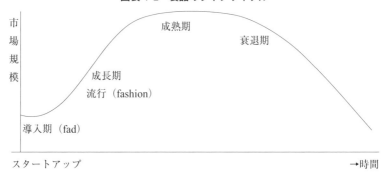

図表 4-2　製品のライフサイクル

出所：滋野ら（2018）「図 2-4　製品ライフサイクル（製品寿命）」, p.17 を参考に筆者が加
筆した。

入され，これまでの売上高が減少し利益が急速に減少する段階」と説明して
いる[5]。

　ファッション商品は特に導入期で勝負が決まるとも言われている。導入期
の成否が売上を決めてしまうからである。また衰退期に入ると，バーゲンと
称されるイベントで，残った衣類などを安い価格で販売してしまう。時期を
逃してしまった衣類は，その後，在庫として手元に残しておいても売れる機
会がないからである。それでも売れ残ってしまった商品の多くは，ごみとし
て廃棄されるのが現状である。昨今の日本では SDGs の影響もあり，環境
問題と向き合う観点から使い捨てという廃棄方法が多くの消費者には好まれ
ない状況にある。

## 2. フェアトレード・ファッション商品に対する考え方

### 2-1　フェアトレード・ファッション商品の意味

　グローバルな環境問題や経済問題の観点からもフェアトレード・ファッ
ション商品は重要である。ファッション商品と環境との関わりは今後，さら

に深まると予測されるからである。衣類に関して山口・生野（2012, p.111）が「我が国では，一人当たりの所持枚数の増加により，一着当たりの使用頻度が減少したことから，性能が低下する前に着用しなくなることが多くなった」と述べている。着用しなくなる衣類のことを「死蔵衣類」と呼ぶ。俗にいう「タンス在庫」なのである。同頁に，タンス在庫に関して「女子大学生では約6年分程度であり，これに対して50歳前後の親世代では14〜15年分を抱えていることになる」と述べている。さらに，「死蔵衣類はある期間をへて廃棄されることになるが，循環型社会の構築には解決を必要とする問題であり，消費者の意識改革が重要である」と説明されている。この消費者の意識改革の糸口のひとつがフェアトレード・ファッションだと考えられる。

「フェアトレード・ファッションの商品」と聞けば，一般的には「環境に良さそうだ」というイメージがあり，具体的な商品として，バレッタ，ブレスレット，ネックレスなどのアクセサリー，ブラウスやスカートという女性向けの衣類を想起しやすい。フェアトレード商品を扱う有限会社シサム工房の社長へのインタビューにおいても，今後の課題として紳士服への進出とノベルティ事業への進出を挙げておられたように，現時点では婦人服が主力になる売り場が多いのである[6]。また，一方では「環境」というキーワードから派生して，古着を想起するとも言われている。古着は衣類のリユースである。ファッションという視点から見た古着については，井須ら（2020）が，大学生を対象に調査した結果，古着に興味のある大学生らは少なくとも1カ月に1着以上は古着を購入していること，価格面で新しい既製服よりも古着の方が安価なことが明らかになった。低価格以外の購入理由は「デザインが気に入った」「テイストが気に入った」など，個人の価値観やこだわりが反映した理由が挙げられた[7]。この結果から，デザイン性がある古着が，こだわりを有する大学生に受け入れられていることが理解できる。また，古着を購入している大学生たちがインターネットではなく，店頭で古着を購入していることもわかった。その理由は「実際に手にとって確かめたい」「店員との会話を楽しみながら商品を選択したい」などで，フェアトレード商品と似た販売方法が，受け入れられる傾向にあることも考えられた。フェアトレード商品もその産地，生産者の様子，素材などを店員から聞き，知識が増

えることが楽しみである消費者が存在しているからである。

　ところで，リユースについては，山口・生野（2019，p.102）が「リユースは，不要衣服を製品としてそのまま使用する取組みで，国内・海外で中古衣料（古着）として再利用している。海外向けの古着は，中国の古着の輸入規制や東南アジアの急速な発展により減少したが，国内でリユースされる古着の販売は，リサイクルショップやフリーマーケット，自治体のリサイクルプラザ，企業の古着回収の取り組みもあり，古着専門のチェーン店が店舗数を増やし」ていると述べている。また，浅野・坂本（2009）は「廃棄物をマテリアルフローとして把握し，焼却と埋め立て中心の廃棄物処理から「循環」処理，すなわち，3 R（Reduce：リデュース［削減］，Reuse：リユース［再使用］，Recycle：リサイクル［循環利用］）へ移行する社会をめざすこと[8]」が今度の循環型社会をつくるために企業がなすべきことだと述べている。衣類のリユース，つまり古着は，一から制作するためのコスト，たとえばデザイン画制作や糸の選別，発注，縫製などのコストをかけず，原型のまま商品化できるので，無駄が少ないとされている。しかし，古着として商品化するためには，クリーニングや補修の必要もある。また，何度も使用した衣類はしみや汚れだけではなく，全体的に劣化していることもある。その劣化した部分をむしろ「風合」として認めるという意味では，そこには衣類というよりも文化や特別な価値などを含むプレミア的な存在になる。風合とは「織物の手ざわりや見た感じ」[9]とある。フェアトレードのファッションも風合を持ち合わせているものが多く，その意味では古着と似た売り方ができる可能性がある。

　ただし，大学生たちがフェアトレード・ファッションに対して有するイメージは良いものばかりではない。

## 2-2　フェアトレード・ファッション商品のブランド化の可能性

　マーケティングの主な要因は製品，価格，プロモーション，流通の4つ，すなわち製品としての視点，価格からの視点，プロモーションの受け止め方，来店できる範囲の店舗の有無やインターネットを活用した販売からの視点がある。これらの4つの視点はマーケティングの4Pと重なる視点である[10]。

　製品としてのフェアトレード商品といえば，コーヒー，紅茶，チョコレートなどが有名であり，それらは大学生たちの想起する定番商品である。しかし，実際にはそれら以外にもスポーツ用品や衣類，小物，アクセサリー，切り花なども身近なところで販売されているのだが，それらについてはあまり知られていないようだ。ただ，たとえば多くの種類のフェアトレード商品を扱っているイオンのホームページには「イオンのプライベートブランドで販売するすべてのカカオで使用する原料を持続可能性の裏付けがとれたものへと変換するという新たな目標を設定しました」，さらに「この目標達成に向け，これまで取り組んできたフェアトレード等の第三者認証を取得した原料調達を拡大するとともに，生産地それぞれの状況に合わせた調達計画を立て，生産者や労働者の方々が抱える課題解決の支援を実施していきます」と掲げられている[11]。このようにフェアトレード商品を扱う意味などを消費者に説明することで，フェアトレード商品への認知度を高め，その背景への理解を深める役割を果たそうとしている動きがある。

　さて，このような努力により，フェアトレード・ファッション商品をブランド化することが可能になれば，現在よりも多くの顧客を獲得することが可能になる。ブランド化には差異化と知名度が必要であるが，現段階ですでにフェアトレードに関する商品という差異化はできており，あながちブランド化は不可能ではないと考えられる。渡辺（2020）は2020年春の時点で日本におけるフェアトレードの知名度は52.6％であるが，10代の若者に限ると63.4％と世代間で最も高く，未来を担う若い世代がフェアトレードの理念を身に付けて社会に出ていく時代となってきたと指摘している[12]。フェアトレードの理念を理解し，共感を持つ人々が増加して，そこに価値を見出し，他とは異なる製品として認めてもらえ，知名度が上がれば，これがやがてブランドとして成長すると考えられ，フェアトレードのブランド構築は可能である。Gallarotti（1995）も「認証を取得することで他社との差別化につながり競争優位の源泉となる」[13]と述べ，差異化できる第一歩として認証の取得を挙げている。このようにブランドをつくることをブランディングという。

# 3. フェアトレード・ファッション商品に関する認知度調査

## 3-1 調査の概要

　フェアトレードに対する調査としては大野（2019）が認知度調査を実施している。そしてその結果を，「知名度は53.8％で，4年前のFTFJによる調査（2015年）よりも0.4ポイント下落した。特に女性の間での知名度が上昇し（＋2.4ポイント），男女間で知名度が逆転した」と報告している。また，年代別では「10代の伸びが16.9ポイントと大きかった。今回30代以下で認知度が上がり，40代以上で下がったことから，年代の上昇に伴う知名度の下落傾向がより顕著になった（10代の知名度は60代の約2倍に拡大）」と記している[14]。

　本章では予備調査と本調査の2回の調査を実施した。大野が指摘したように，若い世代でのフェアトレードに対する認知度が伸びていること，ファッションに興味を持つ世代であることを期待して，大学生をふたつの調査の対象とした。

　本章の調査ではファッション商品として衣類を対象とするが，小物，アクセサリー，バッグ，靴などは対象とはしない。さらに衣類の中でも下着，靴下は対象としない。なぜならば，下着などはインナーに分類され，それらは外部から確認することはできない。ファッションを考える上で，外部からの他人の目は欠くことができない要因のひとつであるため，外部からの確認ができないインナーについては省くこととした。

　最初に実施した予備調査の目的は，フェアトレードのファッション商品に対する被験者の意見を知り，本調査の質問項目を作成することである。ここで得られたワードを中心に本調査で使用する質問項目を作成した。具体的には男子大学生5人，女子大学生5人の合計10人を調査対象とした。なお，男女共に同じ学部，学年，ゼミに所属しており，気軽に意見が言える環境・関係性である。調査は2021年10月25日に男女別にグループをつくり，Zoomを利用して，自由にフェアトレードのファッション商品について50分間で

意見を述べてもらった。

　次に実施した本調査の目的は，大学生たちの有する「フェアトレードの衣類」のイメージを明らかにすることである。ここで得られた結果は，事実と乖離したイメージを浮き彫りにでき，それらの修正が可能になる。また，消費者にフェアトレードの衣類の情報を正しく伝える方策にもつながると考えられる。具体的には100人の大学生を対象とした。内訳は男子55人，女子45人となった。彼らはすべて神戸市に立地する総合大学の大学生たちである。100人に対してGoogleフォームを用いたアンケートを実施した。ここでは選択式として，二者択一でフェアトレードのファッションに対するイメージの良し悪しを尋ねた。また，予備調査から得られた結果をもとにして作成した16の質問項目に対しての回答は5段階尺度を利用した。5段階尺度では各数字に次のような意味がある。1：まったくそのとおりではない，2：ややそうではない，3：どちらでもない（わからない），4：ややそうである，5：非常にそのとおりである，とした。つまり，その質問項目に対しての回答の数字が小さいほど否定的な意見で，数字が大きいほど肯定的な意見となる。

## 3-2　調査結果

　予備調査から得られた多くの意見はテキストマイニングを利用して分析をした。その結果，出現頻度の高いワードを457語抽出できた。次に，類似の意味を有する語句をまとめる作業を行った。たとえば，値段が高い，高価格，高い値段，高額，安くはない，お値段が高め，など同じ意味を持つ言葉を代表して「高額」という語にまとめた。この作業を繰り返し，最終的にはマーケティングの4P（製品，価格，プロモーション，流通の各政策）に当てはめて，16項目の質問項目を作成した。

　本調査の結果，フェアトレード・ファッションに対して良いイメージを有する大学生は32人であった。内訳は男子14人，女子18人であった。悪いイメージを有する大学生は68人であった。内訳は男子36人，女子32人であった。ただし，わからないと回答した男子2人の回答は，良い面と悪い面の両面を知っており，判断がつかないという可能性もあるが，他の回答に

図表 4-3　4P と本調査に使用する 16 の質問項目

| 製品（product） | 品質が悪い，耐久性に疑問，素材が悪い，製品が平凡，デザインが悪い，精巧ではない |
| 価格（price） | 高額である，値段的価値がない |
| 政策（promotion） | おしゃれではない，話題性がない，広告を見たことがない，流行していない，販売促進には向かない |
| 流通（place） | 手元に届きやすい，通販がある，身近に商品がある |

出所：筆者作成。

照らしあわせると，少なくとも良いイメージがないと判断したため，ここでは悪いイメージの方に含めた。さて，質問項目設定のベースとしたマーケティングの 4P と質問項目を対応させたものを図表 4-3 として示す。たとえば，図表 4-3 内の 1 行目の「製品」であれば，品質が悪い，耐久性に疑問，素材が悪い，製品が平凡，デザインが悪い，精巧ではない，という 6 項目が当てはまる。「価格」については，高額である，値段的価値がない，の 2 項目となった。「政策」については，おしゃれではない，話題性がない，広告を見たことがない，流行していない，販売促進には向かない，という 5 項目となった。「流通」については，手元に届きやすい，通販がある，身近に商品がある，の 3 項目となった。

　これらの 16 の質問項目ごとに，調査対象である大学生たちから得た 5 段階尺度の回答をデータとし，質問ごとの平均値を図表 4-4 に示した。なお，小数点以下第 3 位を四捨五入した数値を示している。

　平均値が一番高い項目は「広告を見たことがない」（4.20）であった。多くの大学生たちがフェアトレードに関する広告を見たことがないと回答しているのである。つまり，フェアトレードは一般に向けた広告がなされていないというイメージなのである。次に「高額である」（3.78）も高い数値を示した。フェアトレード・ファッション商品は高額だという回答で，具体的には 4 が最頻値になった。また，「身近に商品がある」（2.24）や「販売促進には向かない」（2.45）は否定的な意見が多かった。つまりフェアトレード・ファッション商品が身近にはないというイメージであること，販売促進に向

図表4-4　質問項目別の平均値

(n＝100)

| 質問項目 | 平均値 | 質問項目 | 平均値 |
|---|---|---|---|
| 品質が悪い | 3.15 | おしゃれである | 2.94 |
| 耐久性に疑問 | 2.88 | 話題性がない | 3.68 |
| 素材が悪い | 2.86 | 広告を見たことがない | 4.20 |
| 製品が平凡 | 2.76 | 流行していない | 3.55 |
| デザインが悪い | 2.74 | 販売促進には向かない | 2.45 |
| 精巧ではない | 3.12 | 手元に届きやすい | 2.58 |
| 高額である | 3.78 | 通販がある | 3.42 |
| 値段的価値がない | 3.05 | 身近に商品がある | 2.24 |

注：平均値の男女差はすべての項目について有意差は見られなかったので，
　　ここでは全体100人の平均値を示す。
出所：筆者作成。

いている可能性があることをイメージとして有していることを示している。

　質問項目別の標準偏差を図表4-5に示した。なお，小数点以下第3位を四捨五入した数値を示している。こちらも図表4-4の平均値と同様に男女の回答に有意差が見られなかったので，男女を合算したものを示している。標準偏差は質問に対する回答のばらつきを示している。大きい数値ほど回答にばらつきがあったことを示す。

　ばらつきが大きかった項目は「身近に商品がある」（1.04）であった。これはフェアトレードのファッション商品が身近に販売されているというイメージの大学生と，売られていないというイメージの大学生の両者がいる可能性を示している。現実的にフェアトレード・ファッション商品を販売している店が生活圏の中にあれば，回答は4あるいは5になると予測されるが，生活圏の中にフェアトレード・ファッション商品を販売している店舗がなければ，回答は1あるいは2になると予測される。「話題性がない」（0.78）も今回の調査結果では2番目にばらつきの大きい結果となった。ただし，今回は調査対象が100人で，さほど多くはないことと，同じ大学，同じ学部に所属している大学生を対象としているので，生活圏が似ている，考え方や

| 質問項目 | 標準偏差 | 質問項目 | 標準偏差 |
|---|---|---|---|
| 品質が悪い | 0.55 | おしゃれである | 0.62 |
| 耐久性に疑問 | 0.41 | 話題性がない | 0.78 |
| 素材が悪い | 0.36 | 広告を見たことがない | 0.45 |
| 製品が平凡 | 0.52 | 流行していない | 0.35 |
| デザインが悪い | 0.48 | 販売促進には向かない | 0.46 |
| 精巧ではない | 0.33 | 手元に届きやすい | 0.68 |
| 高額である | 0.17 | 通販がある | 0.32 |
| 値段的価値がない | 0.55 | 身近に商品がある | 1.04 |

注：標準偏差の男女差はすべての項目について有意差は見られなかったので，
　　ここでは全体 100 人の標準偏差の値を示す。

出所：筆者作成。

感じ方が似ている可能性は高く，今後より広い範囲での調査が必要である。

　さて，イメージの良し悪しとの関わりが質問項目にどの程度あるのかを調べるために相関分析を実施した。相関分析とは，ふたつの要素がどの程度同じような動きをするのかという要素間の関係性を明らかにする手法のことである。たとえば正の相関であれば，ある要素が増えると，もうひとつの要素も増える。負の相関であれば，ある要素が増えると，もうひとつの要素は減る。なお，ふたつの要素の間に何の関係もない状態を無相関という。

　今回の相関分析の結果，イメージの良し悪しと「高額である」という回答間には 0.79 の強い正の相関が示された。具体的にはイメージが悪いと回答した大学生（数値的には 2 と回答した大学生）ほど，フェアトレード・ファッション商品は高額であるというイメージを有していた。

　また，イメージの良し悪しと「おしゃれである」という回答間にも 0.78 の相関が示された。これも強い正の相関を示している。具体的にはイメージが悪いと回答した大学生ほど，フェアトレード・ファッション商品におしゃれではないイメージを有しているという結果が得られた。

## 4. フェアトレード・ファッション商品に関する考察

　ここでは調査から得られた結果をもとに，フェアトレード・ファッション商品のイメージについて考察する。フェアトレード・ファッション商品に対して32.0％の大学生が良いイメージを有していることから，日本においても市場拡大の余地があると考えられる。3割程度が肯定的であるということは，すでに3割の消費者がフェアトレード・ファッション商品を認めていることにもつながるからである。一方で「広告を見たことがない」（4.20）と大学生たちが感じているので，広告あるいは広告の手法に力をそそぐことによって，認知度を高め，それに伴いイメージも良い方向へ導くことができると考える。

　さて，イメージを構築している要因をマーケティングの基本である4Pに即した要因に合致させた今回の調査結果からは，よりマーケティング的な解決方法が見えてくる。製品に関する質問項目の回答の平均値が3.0（わからない）の周辺になったという結果からは製品への理解がなされていないことが考えられる。また価格に対しては，調査結果から大学生たちにとっては高額であるイメージが得られた。ただし，従来の調査結果では88.0％が有していた高額のイメージも今回は74.0％に下がっている。以前よりもフェアトレード商品を目にする機会が多くなるにつれて，値段に対しても他商品との比較が可能になってきたと考えられる。また，高額であるか否かは相対的な問題であり，たとえば，海外有名ブランドの衣類であれば，フェアトレード・ファッション商品よりも高額な商品が多いが，ユニクロやしまむらと比較すれば，フェアトレードのTシャツ，デニムパンツ，ブラウス，シャツ，ジャケット，コートの方がいずれも高額である。大学生たちが身近に感じているメーカーやブランドとの比較におけるイメージでは高額という回答になってしまったと考えられる。ただし，フェアトレードがある種のブランドになれば，高額であるというイメージは消失する可能性がある。フェアトレードという分野でのファッションが単なる東南アジアからの輸入衣類との差異化ができるか否かが，ブランド化への課題となる。政策に関する質問項

目では「話題性がない」（3.68）に着目すると，これは大学生たちの認識不足といえよう。なぜならば，フェアトレードはSDGsとの関連がないとは言えず，昨今のSDGsの浸透から考える限り，SDGsとフェアトレードとの結びつきは深い。また，「広告を見たことがない」（4.20）とあるが，広告（企業発信）とは異なる形，たとえば啓蒙に近い形での発信も手法としては考えられる。流通に関する質問項目では「身近に商品がある」は平均値2.24，標準偏差1.04となり，地域によって商品を置いている店の有無が大きく回答に反映されたと考えられる。

　これらの結果からマーケティングの基本である4Pに即した要因の中で，製品に関する認知度を高めることが急務であると考える。そのためには，インターネットでの販売だけではなく，リアル店舗において製品の良さを顧客に実感してもらう必要がある。常設の店舗ではなくても，イベントなどを活用してフェアトレードのファッション商品をアピールすることが重要である。

## 5. 今後の課題

　フェアトレードのファッション商品に関する研究をすすめていくと，ふたつの課題を見出すことができた。ひとつ目はフェアトレードのファッション（衣類）のブランド化の問題である。ブランド化には政策（プロモーション）のあり方の検討が必要になる。ふたつ目は「販売促進には向かない」（2.45），標準偏差（0.46）という結果から，フェアトレード商品は販売促進に向いていないわけではないと学生は思っている。これに対しては，これまでの広告の発信や発信ツールの検討が必要である。もちろん，フェアトレードの意味や社会的意義などを知ることは重要ではあるが，ファッション商品そのものとしての魅力の発信が必要なのである。畑山（2012）は「フェアトレード商品を購買するのはいかなる人か？」という問いかけの論文内で，フェアトレードに対して，社会的意識ではなくむしろ自己の享楽的意識に基づいた購買行動であることを指摘している[15]。もちろん，社会的な意義を認める消費者についてはPeattie & Crane（2005）が「企業が環境やフェアトレード等

の認証を取得するのは，環境問題等に関心の高い消費者が認証付き製品に対し価格プレミアムを支払うことを厭わないからだ」[16] と指摘している。しかしながら，現在の多くの日本の大学生たちは，畑山（2012）の指摘する購買行動をとっていると考えられる。つまり，社会的な意義よりも個人の価値観，すなわち，ファッションに対する感性を購入時の基準としていると考えられるのである。

　最後に，ファッションに関する商品については，本体の商品だけではなく，ラッピングやパッケージなどにも工夫が必要であると考える。パッケージに関しては，井上（2022）がフェアトレードラベルと環境ラベルの信頼性に差があること，製品の生産者やその環境に関する認証である「フェアトレード認証」の信頼性が知覚品質に正の影響を与えていること，製品とは無関係の包装材の認証である「エコラベル」の信頼性も知覚品質に影響を与えていることを明らかにした。ラベルの信頼性には差があるものの，パッケージ上にラベルを貼付し，受動的なコミュニケーション・ツールとして使用することに一定の効果が見られることがわかったと述べている[17]。認証ラベルによってブランドが形成されること，パッケージそのものにおしゃれ感が付与されることは，フェアトレード・ファッション商品が多くの消費者の目に留まる可能性につながる。

　フェアトレード・ファッション商品については，フェアトレード商品の側面とファッション商品の側面の両方の価値を損なうことなく，販売戦略をたてることが必要である。

　＊本章は，日本繊維製品消費科学会 2022 年年次大会における辻幸恵の口頭発表「衣類購入時に及ぼす諸要因の効果（第 3 報）フェアトレードの衣類に対する消費者イメージ」をもとに加筆，修正を行ったものである。

## 注

1　コトバンクからの引用である。https://kotobank.jp/word/%E3%83%95%E3%82%A1
%E3%83%83%E3%82%B7%E3%83%A7%E3%83%B3-122310（2022 年 8 月 20 日
閲覧）。

2　大山ら（1994），p.139 を引用した。pp.139-140 には続けて「心像をことばで正確
に定義し指示することは，心像が外面に表れず他者に接近し難い主観的体験であるこ
とから，困難だとされる」と記載されている。

3　城・渡辺（2007）には各時代のファッションが解説されている。

4　藤原ら（2005），p.1 を引用した。

5　滋野ら（2018），p.17 には，特に導入期については「画期的な新製品の場合，製品
そのものとその価値を知ってもらうことが重要。すでにほかの企業が，類似する製品
を市場に導入している場合はブランドを確立することが重要となる」と述べられてい
る。

6　辻（2020b），p.107 を参照。ここでは神戸学院大学経営学部の学生である坂口の質
問を受けた形でのやりとりが記されている。「今後，少しずつメンズ商品の開発にも
力を入れていきたいと思っています。というのも SDGs が広く認知され取り組まれ
ていく中で，ソーシャルな意識を持つ男性も増えてきています」と水野社長の言葉が
ある。これは 2019 年 9 月 11 日のインタビューである。

7　井須ら（2020）を参照した。

8　浅野・坂本（2009），p.155 の「第 9 章　循環型社会と企業の社会的責任」（鹿島啓
担当）には「人類の活動が地球の環境許容量の枠内に収まっている社会・人類の生存
に必要な物質的ニーズが最小限に充たされることを前提として，適度な物質的ニーズ
を充たすために人類による再生産が維持される社会・生存に必要な物質的ニーズ充足
を最小限としつつ，人間として尊厳をもって生きていける社会」と挙げている。

9　新村出編（2018）『広辞苑（第 7 版）』岩波書店，p.2522 から引用。

10　滋野ら（2018）の第 1 部では「第 2 章　製品政策」「第 3 章　価格政策」「第 4 章　マー
ケティング・コミュニケーション政策」「第 5 章　流通政策」として各章で説明がな
されている。

11　イオンホームページのサステナビリティのページより引用した。https://www.aeon.
info/sustainability/social/fair_trade/（2022 年 6 月 18 日閲覧）。

12　渡辺（2020）を参考にして渡辺の主張を簡易にまとめた。

13　Gallarotti（1995）から引用した。フェアトレード商品として，認証を取得するこ
とが他社の商品との差別化につながり競争優位の源泉となると述べられている。

14　大野（2019）を参考とした。本文の続きには「類似の調査が行われた 2008 年 11
月からの 11 年間では，フェアトレードの知名度は約 12 ポイントの上昇となった」こ
とや「地域別では，近畿，中国・四国地方で大幅に認知度が上昇したことから，東西

　の差は平準化しつつあるといえる」ということも述べられている。

15　畑山（2012）を参考とした。フェアトレードを購入する消費者像を明らかにしている。

16　Peattie & Crane（2005）を参考とした。企業が環境やフェアトレード等の認証を取得するのは、環境問題等に関心の高い消費者が認証付き製品に対し価格プレミアムを支払うことを厭わず、結果としては価値を認める消費者に向けての活動であることを述べている。

17　井上（2022）を参考とした。

## 参考文献

浅野宗克・坂本清編（2009）『環境新時代と循環環境型社会』学文社。

有馬明恵（2021）『内容分析の方法（第 2 版）』ナカニシヤ出版。

井須友貴・井村翔也・岸脇誠（2020）「大学生の古着に対する意識調査」『日本繊維製品消費科学会 2020 年年次大会・研究発表要旨』, p.80。

井上綾野（2022）「パッケージにおける倫理的表記の信頼性と知覚品質―フェアトレードラベルと環境ラベルの比較―」『実践女子大学人間社会学部紀要』18, pp.21-32。

ヴァンデルホフ, F. 著, 北野収訳（2016）『貧しい人々のマニフェスト―フェアトレードの思想―』創成社。

牛澤賢二（2018）『やってみようテキストマイニング―自由回答アンケートの分析に挑戦！―』朝倉書店。

内田東（2002）『ブランド広告』光文社。

大野敦（2019）「認知度調査から見る日本のフェアトレード運動に対する一考察」『立命館経済学』68（4）, pp.19-39, 立命館大学経済学会。

大山正・藤永保・吉田正昭編（1994）『心理学小辞典』有斐閣。

小坂真理（2020）「フェアトレードによる SDGs への相乗効果」『環境情報科学　学術研究論文集』34, pp.19-24, 東海大学。

滋野英憲・辻幸恵・松田優（2018）『マーケティング講義ノート』白桃書房。

城一夫・渡辺直樹（2007）『日本のファッション―明治・大正・昭和・平成―』青幻舎。

瀬戸昌之（2009）『持続社会への環境論―「入会地の悲劇」を超えて―』有斐閣。

田淵和夫・SDG パートナーズ（2020）『SDGs 思考― 2030 年のその先へ　17 の目標を超えて目指す世界―』インプレス。

谷明日香（2020）「環境配慮に対する意識調査と衣服のリサイクル活動実践」『四天王寺大学教育実践論集』9, pp.1-10。

辻幸恵（2018）「フェアトレード・ファッション商品に対する女子大学生の評価」『繊維機械学会誌 せんい』71（12）, pp.39-43。

辻幸恵（2020a）「フェアトレード・ファッションに対する購入心理」『日本家政学会年

次大会第 72 回大会研究発表要旨集』，p.111。

辻幸恵（2020b）『持続可能な社会のマーケティング』嵯峨野書院。

辻幸恵（2021）「フェアトレード商品に対する大学生の意識」『神戸学院大学経営学論集』17（2），pp.1-19。

中井涼介・上馬里奈・辻幸恵（2020）「フェアトレードファッションについて」『日本繊維製品消費科学会 2020 年年次大会・研究発表要旨』，p.77。

中村正道（2019）『ブランディング』日本経済新聞出版社。

長尾弥生（2008）『フェアトレードの時代』日本生活協同組合連合会。

長坂寿久（2009）『世界と日本のフェアトレード市場』明石書店。

畑山要介（2012）「フェアトレード商品を購買するのはいかなる人か？」『経済社会学会年報』34，pp.173-181。

フェアトレード・ラベル・ジャパン（2017）「フェアトレードの広がり」，https://www.fairtrade-jp.org/about_fairtrade/foreign_market.php（2022 年 1 月 20 日閲覧）。

藤原康晴・伊藤紀之・中川早苗（2005）『服飾と心理』放送大学教育振興会。

諸富徹・浅野耕太・森晶寿（2008）『環境経済学講義―持続可能な発展をめざして―』有斐閣。

山口庸子・生野晴美編著（2012）『新版　衣生活論―持続可能な消費に向けて―』アイ・ケイコーポレーション。

山口庸子・生野晴美編著（2019）『衣生活論―持続可能な消費と生産―』アイ・ケイコーポレーション。

渡辺龍也（2010）『フェアトレード学―私たちが創る新経済秩序―』新評論。

渡辺龍也（2020）「フェアトレードと倫理的消費（Ⅱ）―全国調査が明らかにするその動向―」『現代法学』40，pp.95-144。

渡辺龍也編著（2018）『フェアトレードタウン―"誰も置き去りにしない"公正と共生のまちづくり―』新評論。

山本純一（2007）「フェアトレードの歴史と「公正」概念の変容」『立命館経済研究』62（5・6），pp.385-398。

Brown, M. B.（2007）"'Fair trade' with Africa." *Review of African Political Economy*, 34（112）, pp.262-277.

Fridell, G.（2007）*Fair Trade Coffee: The Prospects and Pitfalls of Market-Driven Social Justice*, University of Toronto Press.

Gallarotti, G. M.（1995）"It pays to be Green: The managerial incentive structure and environmentally sound strategies," *The Columbia Journal of World Business*, 30(4), pp.38-57.

Moberg, M., and Lyon, S.（2010）"What's fair? The paradox of seeking justice through markets," *Fair Trade and Social Justice: Global Ethnographies*, New York University Press, pp.1-23.

Peattie, K., and Crane, A.（2005）"Green marketing: Legend, myth, farce or prophesy?," *Qualitative Market Research: An International Journal*, 8, pp.357-370.

WFTO and FLO International（2009）"A Charter of Fair Trade Principles,"　https://fair tradekeswick.org.uk/wp-content/uploads/2016/04/160208_Charter_of_Fair_Trade_Prin ciples_Final_EN.pdf（accessed September 3, 2018）.

# 第5章

# フェアトレード・ファッション商品に対する
# 消費者の評価

## 1. 消費者が企業に期待する要因

　企業の社会的責任，すなわち CSR（Corporate Social Responsibility）という言葉は，現在では耳慣れた言葉となった。企業は社会の中で存在し，その一員としての責務があるという考え方である。さて，企業活動ではマーケティングは重要であるが，従来のマーケティングは，製品，価格，プロモーション，流通などの各政策を通じて消費者との関係を保っていた[1]。消費者はこれらの4つの政策を指標として，企業の商品を評価していたのである。現在の消費者は，単純に商品を消費するだけではなく，社会環境の中で生活者として，商品や市場（マーケット）をとらえている。つまり，消費者は環境面や自身の生活面の視点から企業が提案する商品やサービスの探求を試みている[2]。企業は消費者に提案する商品やサービスの優秀さだけではなく，社会貢献も消費者から求められているのである。そこで着目されたのがソーシャル・マーケティングである。ただし，ソーシャル・マーケティングの概念は新しいものではない。すでにフィリップ・コトラーたちによって約20年前には定義付けられていた（Kotler & Lee, 2005）。その定義は「公衆衛生・治安・環境・公共福祉の改善を求めて，企業あるいは NPO が行動改革キャンペーンを企画，あるいは実行するための手段支援のこと」[3] である。実際には，マーケティングの手法を社会的な活動に適応し，生活者から望ましい反応を得るためにコミュニケーションをとることであり，社会の変化に適

応していく枠組みとしてとらえることができる。

　このような背景をふまえて本章では，社会貢献につながるフェアトレード商品を取り上げ，フェアトレード商品に対する消費者の評価に着目していく。企業の社会貢献が進む中で，日本においてもフェアトレードの概念と商品が着目されているからである。なお，これまでに説明したとおり，フェアトレードとは継続的な商品の売買を通して，生産者を支援する仕組みとして生まれた貿易の形態である[4]。

　フェアトレード商品は衣食住のすべての分野に存在するが，本章では前章で取り上げたファッション商品の評価について論じていく。衣類・アクセサリー分野の，日本でのフェアトレード商品の販売量は，第2位がアクセサリー・雑貨，第3位が衣類である。なお，第1位は食品である[5]。本章で取り上げる具体的な品目は，女性用のスカート，パンツ，アクセサリー，雑貨等のファッション商品である。女子大学生たちがこれらの品目のフェアトレード商品をどのように評価しているのかを明らかにすることを目的とし，調査を実施した。女子大学生たちの評価が明確になれば，日本市場で売れそうな商品の指標になると同時に，より多くのフェアトレード商品の開発へのヒントになると考えたからである。前章の調査で明らかになったようにフェアトレード商品の多くは既存の身近な商品よりも消費者には割高感がある。よって，価格以外の要因で商品に価値を見出す消費者に販売する必要がある。そのためには，評価されるポイントを明らかにして，より多くの消費者に受け入れられやすい商品開発を行うことで商品販売へとつながり，それがさらに消費者に評価されるような価値を創造していくことにもつながると考えられる。

## 2. フェアトレード・ファッション商品に対するイメージ調査

### 2-1　予備調査

#### 2-1-1　調査内容と結果

　予備調査の対象者は神戸市に立地する私立大学に在籍の女子大学生3年

生 10 人，実施期間は 2017 年 10 月中旬である。最初に，女子大学生たちに
は 2 人 1 組になってもらい，日本に拠点を置くフェアトレード商品を扱う
ふたつの会社のホームページ内を閲覧（検索）し[6]，彼女らが消費者に受け
入れられる（つまり売れそうだ）と判断した，スカート，パンツ，小物を各
組 10 点ずつ選択してもらった。小物はアクセサリー・雑貨とし，その中で
も身に着けるものに限定し，置物・インテリアなどは含めなかった。フェア
トレード商品を扱う会社の中から 2 社を選択した基準は，商品の注文がイ
ンターネットでもできること，商品数が多いこと，身近に感じられるリアル
店舗を調査対象である大学生たちの居住地である関西圏に有していること，
創業が 20 年を越えていること，などである。また，調査対象者の女子大学
生 3 年生 10 人は，いずれもこれまでにフェアトレード商品の購入経験がな
い者とした。なぜならば，購入経験者はすでに商品知識があり，インター
ネットでの検索からわかる範囲以上の商品知識を有している可能性があるか
らである。ここではあくまで一般論としての購入意欲を喚起できるか否かが
重要であるため，商品知識が少ない女子大学生たちを調査対象者に選んだ。
次に，それぞれの組が選択したスカート，パンツ，アクセサリー・雑貨の計
50 点を一覧表にまとめ，それを 10 人全員で検討した後，日本の女性にも売
れそうだと思えるスカート 5 点，パンツ 5 点，アクセサリー・雑貨 5 点を
選択してもらい，合計 15 点を本調査の資料とした。またこの時点で，商品
に対する評価基準も決定した。

　予備調査で選択した商品について，以下にスカート，パンツ，小物の順に
説明する。

　1）スカートはすべてウエストがゴム入り，ロング丈で裾が緩やかに広がっ
ているフレアースカートが選択された。すべて丈はくるぶしまである。色柄
は黒の単色が 2 着，グレーの単色が 1 着，深い緑と青の 2 色配色が 1 着，そ
してベージュ地に黒の幾何学模様を配置したスカートが 1 着となった。フ
レアースカートとはいえ，比較的細身で，腰まわりなどはストレートに体に
沿うようになり，裾へおりるほど緩やかに外側への広がりがあるスタイルで
ある。

　2）パンツはガウチョ，デニム，ワイドなど丈もスタイルも布地も多様な

ものが選択された。1着目は濃い色のグレーでハイウエスト，ベルトが必要なくるぶしまでのストレートデニムパンツ，2着目は白色でウエストはゴム，丈は足元まである全体にゆったり目のレギュラーパンツである。3着目は薄いグレーで，ウエストはゴム，丈は足元まであるワイドパンツである。4着目は黒色でウエストはゴム，丈は膝下までのガウチョパンツである。5着目はベージュ色でウエストはゴム，丈は足元まであり，腰回りに大きくふくらみのあるレギュラーパンツである。

3）小物は財布，ブレスレット，イヤリング，ネックレス，スカーフの5点となった。財布は黒色で大きさが横20cm，縦9cmのふたつ折り，内側にはカード入れが3カ所と小銭が入るようになっている。素材は山羊の革である。ブレスレットは1cm前後のウッドパーツを数種類用いており，全体的にエスニック調のものである。イヤリングは外縁が銀色のメタル系リングで，内側には直径8mmの紫色の天然石風の丸型チャームがあしらわれ，金具は銀色である。ネックレスは55cmの長さで金色の鎖，ペンダントトップは直径3cmのオフホワイトの天然石風チャームがあしらわれている。スカーフは薄いブルーの素地に全体が幾何学模様で青，藍，白，銀の4色からなり，素材は絹で，表面は光沢がある。

続いて，同じ調査対象者に，これらのフェアトレード・ファッション商品の評価基準について全員でディスカッションをしてもらった。評価基準の例示として，長町（1989）のイメージ形容詞の対語を挙げた。これらは評定項目と呼ばれ，曲線的―直線的，落ち着いた―落ち着かない，陽気な―陰気な，軽やかな―重厚な，すっきりした―ごてごてした，など合計20の項目が挙げられており，それぞれ対語となっている[7]。また，辻（2001）が1999年8月に関西圏の女子大学生1000人を対象としてファッション商品を調査した際に用いた9つの評価基準も例示した。それらは，流行，素材，色・デザイン，値段，ブランド，着ごこちの良さ，似合うか否か，洗濯やアイロンが楽であること，その品目を着ていく場所，である[8]。

調査対象者である10人の女子大学生たちが考案した具体的な評価項目は，色，デザイン，素材，価格，サイズ感，異国性，希少性，カジュアルさ，ブランド性の9項目となった。商品がファッション分野であるため色とデザ

インは欠かせない要因となった。SDGs を考える上で女子大学生たちは素材にも関心があった。また実際にスカートやパンツを購入する場合，価格やサイズ感ははずせない因子である。フェアトレードという特徴を考えた場合，異国性や希少性，それが他とは異なるという意味でのブランド性も要因として必要と判断した。また，女子大学生の目線からはカジュアルか否かも購入時には判断材料となるという意見が出され，カジュアルという項目も基準として加えた。

### 2-1-2　結果からの考察

1）スカートは調査時点（2017 年）で流行しているロング丈で裾が広がっているものが選択された。今回の調査対象である女子大学生たちは，ミニ丈よりもロング丈の所持枚数の方が圧倒的に多く，対象者のうちロング丈のスカートの所持率が 80％を占めていた。なお，別調査[9] からは調査時点での女子大学生 200 人は，ミニ丈のみを所持している女子大学生は 3％，ロング丈のみを所持している女子大学生は 10％であった。多くは両方の丈を所持していたが，所持の割合はロング丈が 70％で，ミニ丈よりも多い結果となった。よって，ミニ丈のスカートよりもロング丈を選択する者が多く，そのため，フェアトレード商品のスカートもロング丈が多く選択され，そして女子大学生たちも売れる商品として認知したと考えられる。すべてのウエストにゴムが入っているので，フェアトレード商品の特徴のひとつとして，サイズフリーを打ち出すことが可能である。スカートはウエストサイズで SML などの着用サイズが限定されてくるが，ゴムであれば，ある程度誰もが着用することが可能になり，購入者を幅広く想定することができる。

2）パンツに関してガウチョ，デニム，ワイドなど丈もスタイルも多様なものが選択された。その背景としては，世間では少し前までガウチョパンツがブームであったこと，調査時点ではデニムやワイドパンツが流行していることなどから，パンツの形そのものが世の中に混在していると考えられる。つまりスカートのロング丈のように，多くの女子大学生たちが受け入れているような決まった形（スタイル）がないと言える。また，女子大学生たちも従来から持っている手元にあるパンツと，最近に購入したパンツの両方を着

用している。このような背景から今回の調査では，様々な種類が選択された
と考えられる。

　3）アクセサリー・雑貨は財布，ブレスレット，イヤリング，ネックレス，
スカーフの5つが選択された。フェアトレード商品によくみかけるエスニッ
ク調な雰囲気のものばかりではなく，むしろ財布，イヤリング，スカーフは
普段使いのカジュアルな雰囲気のものが選択される傾向にあった。よって，
フェアトレード商品だからといって東南アジアの雰囲気を出す必要はなく，
むしろその時の日本人が受け入れやすそうな色づかいやデザインを優先した
商品が購入されやすいと考えられる。また，選択された品目が多岐に及んだ
ことから，品目を何かに絞るのではなく，むしろその時の日本人の好みや流
行を考慮したアイテムをそろえる方が消費者には受け入れてもらえると考え
る。

## 2-2　本調査

### 2-2-1　調査内容と結果

　対象者は神戸市に在住の女子大学生3年生300人（回収率89.3%，268
人）とし，2017年11月7日に集合調査法を用いて調査を実施した。集合調
査法（セントラル・ロケーション）とは「所定の調査場に調査対象者を集め
て，一人の調査員が全員に同時に説明を与え，いっせいに調査票に回答を自
分で記入してもらう方法」[10] である。調査票を配布する前に本調査の趣旨や，
回答者個人の特定ができない等の詳細を全員に説明し，同意をした者を調査
対象とした。調査時間は40分間である。

　ここでは予備調査から得られた資料であるスカート5品目，パンツ5品目，
アクセサリー・雑貨の5品目の写真15枚をパワーポイントで見せ，1～5の
数値で評価する5段階の尺度を用いて調査票に評価を書き込んでもらった。
5段階の尺度では評価が最も高いものを5とし，評価が最も低いものを1と
した。数字の意味は以下のとおりである。

　1：まったくそうではない
　2：ややそうではない
　3：どちらでもない

４：ややそうだ

５：とてもそのとおりである

　パワーポイントでは原則１枚の写真（ひとつの商品）について20秒ずつ見せた。15枚のすべての写真を見る時間は合計で５分である。ただし，回答中に不明な点が出てくる可能性があるので，調査が終了するまでの40分間は，写真を自動的に20秒ずつ繰り返し投影しておくことした。よって，ひととおり評価した後に，再度，写真で商品を確認することは可能である。

　具体的な評価項目は，予備調査結果から得られた色，デザイン，素材，価格，サイズ感，異国性，希少性，カジュアルさ，ブランド性の９つとし，個々の商品の評価をしてもらった。なお，これらの意味については調査対象者全員に回答前に説明をしている。たとえば，色とは色の良さ，色が気に入ったなどの色に対する感情である。よって，この商品の色について気に入ったのならば，５の「とてもそのとおりである」という評価になる。デザインとは色柄や形が気に入ったかどうかで，その品目のデザインが気に入らない場合は１の「まったくそうではない」という評価になる。素材とは，製品の構成要素そのものの良悪のイメージや肌触りイメージなどの感性的な部分も含める。価格とは商品に対して納得できる価格であるか否かの評価である。これは納得価格や値ごろ感という表現もでき，納得できない価格の場合は１の評価となる。サイズ感とはサイズがよさそうだ，自分にフィットしそうだというイメージも含まれる。異国性とは日本にはないテイストを感じるか否か，主に東南アジアやアフリカなどを感じるか否かということである。希少性とは珍しさや他にない特徴を有していることである。カジュアルさとは気軽に使用し，身近に感じることができるかどうかということである。ブランド性とは，その商品に対して，フェアトレードとしての確立されたテイストを感じるか否か，他の商品と差別化ができていると感じるか否かである。この場合のブランド性は主に差別化という意味であり，そこには高級感などは含まれないこととした。一般的にブランドと聞くと海外高級ブランドを想起し，高額商品をイメージするので，高額，高級という意味ではないことを調査対象者には説明した。

　268人から回答を得た１〜５点までの点数の平均値の結果を図表5-1にま

図表 5-1　フェアトレード商品の評価（平均値）　　(n＝268)

| | スカート | | パンツ | | アクセサリー・雑貨 | |
|---|---|---|---|---|---|---|
| | 平均 | SD | 平均 | SD | 平均 | SD |
| 色 | 1.14 | 0.79 | 1.78 | 0.66 | 3.86 | 0.76 |
| デザイン | 1.88 | 0.65 | 2.02 | 1.14 | 3.04 | 1.02 |
| 素材 | 2.94 | 1.29 | 2.97 | 1.45 | 2.10 | 1.22 |
| 価格 | 3.05 | 1.12 | 3.14 | 0.82 | 1.98 | 1.07 |
| サイズ感 | 3.44 | 1.22 | 3.48 | 0.73 | 2.88 | 0.98 |
| 異国性 | 2.40 | 0.94 | 2.24 | 0.98 | 3.85 | 0.84 |
| 希少性 | 2.88 | 0.82 | 2.20 | 0.78 | 3.05 | 0.74 |
| カジュアルさ | 2.04 | 0.84 | 2.84 | 0.79 | 3.42 | 0.78 |
| ブランド性 | 3.08 | 0.74 | 2.45 | 0.58 | 3.88 | 1.04 |

注：小数点以下第3位を四捨五入した。SDは標準偏差の略である。
出所：筆者作成。

とめた。

　まず，最初に評価の低かったところ，つまり平均値の小さい項目に着目した。スカートは主に色（1.44）とデザイン（1.88）に対する評価が低かった。つまり，女子大学生たちはフェアトレード商品のスカートに対して，色とデザインが悪い，あるいはあまりよくないと思っていることがわかる。この傾向はパンツも同様で色（1.78）とデザイン（2.02）に対する評価が低かった。小物は主に価格（1.95）と素材（2.10）に対する評価が低かった。なお，実際に調査に用いた各小物の価格は，財布は2592円，ブレスレットは7257円，イヤリングは1万7723円，ペンダントは1万6702円，スカーフは1万6993円であった。

　次に，評価が高かったところに着目した。高評価である，つまり数値が大きいところはスカートではサイズ感（3.44）であった。パンツではサイズ感（3.48），価格（3.14）であり，アクセサリー・雑貨ではブランド性（3.88），色（3.86），異国性（3.85），カジュアルさ（3.42），であった。

　なお，SDとは標準偏差（standard deviation）の略語である。標準偏差は，調査対象者の回答の数値のばらつきを示している。たとえば，構成メンバー

が 6 人のふたつのグループ平均値が 3 となった。ここでは 1 から 5 までの数字を用いた 5 段階尺度で回答してもらったこととする。このように平均値の数字が同じであっても，ひとつのグループは全員が 3 と回答し，他方のグループは，3 人が 1 と回答し，残り 3 人が 5 と回答しても，平均値は 3 になる。前者の全員が 3 と回答したグループはグループ内での意見のばらつきがないのである。他方の 1 と 5 という回答に 3 人ずつが分かれてしまったグループ内の意見は，ばらつきが大きいと言える。いわば個人差が大きいのである。図表 5-1 の標準偏差をみると，一番小さい数値はスカートのデザインで 0.65 であった。スカートのデザインについては，平均値が 1.88 でどちらかと言えば悪いという評価になっているが，これは調査対象者全員がデザインが悪いように思い，1 あるいは 2 が多い評価になったことを意味している。一番大きい数値はスカートの素材で 1.29 であった。スカートの素材については，平均値が 2.94 で，どちらでもない，わからないという評価の 3 に近い値になっている。フェアトレードのスカートの素材というワードに対して，調査対象者の大学生たちは，個人のイメージに大きな差があったことがうかがえる。よって，素材が悪いと思った者と良いと思った者とに分かれてしまい，結果として平均値に近い数値になったのである。

## 2-2-2　結果からの考察

　評価結果から，スカートもパンツも色とデザインに対する評価が低いことがわかった。これは日本の市場で販売する場合のネックになると考えられる。たとえば調査時点（2017 年）ではフェアトレード商品において，よく目にする色はアースカラーが多いというイメージである。色に関してはアースカラー以外のバリエーションをつくるか，あるいは汎用性の高い定番に近いような黒，白，紺のようなスクールカラーを用いる方が受け入れられやすいと考えられる。黒に関しても日本人は漆黒を好む傾向があるが，今回の写真では黒が浅い色に映し出されていたので，評価が低くなったと考えられる。サイズ感に対する評価は高いが，これはウエスト部にゴムが入っていることにより万人にフィットするとイメージされたからであろう。最近はウエストがゴムであっても，抵抗なくスカートもパンツも受け入れられている。このこ

とから，女子大学生のような若い世代に向けたカジュアルなパンツだけではなく，ミドルやシニア向けのパンツ市場にも進出が可能である。

## 2-3　調査結果からの知見

予備調査では，インターネットを使用してフェアトレードのファッション商品であるスカート，パンツ，アクセサリー・雑貨を選定した。これらの3つの品目群の商品は女子大学生たちにとって受け入れられやすいと考えられる。

本調査では268人の女子大学生たちが評価をした結果，スカートとパンツは色とデザインに対する評価が低かった。一方，スカートとパンツ共にサイズに関しては評価が高く，この理由として一番に考えられることは，ウエスト部にゴムが入っていることである。ウエストサイズに汎用性があるということは，女子大学生だけではなく世代を超えての商品展開が可能であり，高齢化社会の日本においてはリハビリパンツなどの普及も考えられる。

現状ではフェアトレード商品に対する認知度が，以前よりも上がってきたとはいえ，既存のアパレル商品と比較をすると価値を見出すまでには至っていない。特にアクセサリー・雑貨に対しては評価が低い傾向にあり，ここから女子大学生たちがフェアトレード商品の値段を割高であると感じていることがわかる。アクセサリーや雑貨などの小物は，ハンドメイドブームのため販売先も多く，種類も豊富である。素材やサイズの評価も低いという結果から，日本人に好まれる素材やサイズの検討が必要である。また，既存の商品との差別化も東南アジア色を強くするのか，フェアトレードの概念に賛同して価値を見出すのかによって，戦略が異なってくる。日本において最初に何を優先させて差別化をはかるのかという方向性も必要である。つまり，将来，フェアトレードの概念が普及し，輸入される商品数も多くなると予測はされるが，日本人のニーズに合致した商品開発も同時に必要になると考えられる。フェアトレード・ファッションの製品としての価値だけでは，日本市場で競争できる商品は少ない。新しい商品価値への提案，たとえば生活の中で可能な国際協力というような背景を消費者に対して啓発する必要がある。啓発すると共に，ファッション商品はイメージに左右されやすい商品のひとつであ

るので，認知度と期待度を向上させれば，やがてフェアトレード・ファッションという新しいブランドが生まれてくる可能性もある。

## 3. 店舗での実売調査

### 3-1　調査内容と結果

　本調査の実施時期は 2022 年 4 月 13 日から 5 月 31 日の 49 日間，場所は神戸マルイ 1 階である[11]。1 階の三宮フューチャーマーケットコーナー売場では，前半期間と後半期間に分けて商品を入れ替えた。そこでその入れ替えのタイミングで神戸学院大学経営学部のアクティブラーニングのひとつとして，フェアトレード・ファッションを実際に広告することを実施した。その目的は，商品を通じてフェアトレードのファッションを広告することである。これまではフェアトレードのコーヒー，紅茶，チョコレートという食品の展示などを実施したが，今回の目的はバッグ，帽子，ブローチというファッション商品を展示，販売することによって，フェアトレード・ファッションへの理解を深め，広告の手法を習得することである。

　2022 年 3 月末に経営学部辻ゼミナールに所属する 3 年次の学生たちが店頭販売するため，学生たち自身でフェアトレードショップのシサム工房（国際会館地下三宮 SOL 店）で商品を選択した[12]。商品の選択基準は身近なもの，神戸マルイで売れそうなものとした。神戸マルイの主な顧客層は 30〜40 代

**写真1　ベレー帽　色違いひとつずつ**
出所：筆者撮影。

写真2　小物：ブローチ（真ん中），バレッタ（真ん中），ハンカチ（手前左），ガーゼハンカチ（手前右）

出所：筆者撮影。

写真3　バッグ　大小ひとつずつ

出所：筆者撮影。

の女性である。商品紹介用のパネルだけではなく，フェアトレードに関する歴史や統計的な数値をパネル展示し，全体を通じての情報量を増やすことによって，消費者の関心を喚起することとした。

　帽子，バッグ，ガーゼハンカチ，ハンカチ，靴下，ブローチは期間中に完売した。バレッタとタオルハンカチが若干売れ残った。

## 3-2　結果からの考察

　店舗での実売調査から推察できることは，フェアトレード商品であることを明記したパネルを配置し，商品そのものの産地や由来などの説明をパネルで紹介した商品は「売れる」ということである。実際に売れ残ってしまったタオルハンカチはその素材や形状が一見しただけで判断できる商品であった

ので，説明が他の商品よりも少なかった。また，バレッタは種類が多かった
ので，1つひとつの商品に対する説明が困難であったこともある。つまりフェ
アトレードの商品を売るためには，手間を惜しまずにしっかりと消費者に対
して説明をすることが必要なのである。

　また，店舗内でのレイアウトに関しては，フェアトレードであっても，そ
うではない商品であっても，机上に飾る場合は，明るめの照明の下で，敷物
の上に台などで高低のメリハリをつけ，奥行きを感じさせるように飾れば売
れることがわかった。

　ここで先の予備調査で得られた9つの基準を活用し，完売した商品であ
るバッグとハンカチ，残ってしまった商品であるタオルハンカチとバレッタ
の合計4品目を比較した。先の調査対象である学生群と同じ大学の学生た
ち60人を調査対象とした。1から5までの数値で4つの品目を9つの基準
を用いて評価をしてもらった。5段階の尺度では評価が最も高いものを5と
し，評価が最も低いものを1とした。数字の意味は以下のとおりである。

　1：まったくそうではない（とても悪い）

　2：ややそうではない（やや悪い）

　3：どちらでもない

　4：ややそうだ（やや良い）

　5：とてもそのとおりである（とても良い）

たとえば，バッグの色がとても良かったと感じた者は5と，良くなかっ
たと思った者は1と回答した。また，ブランド性を感じた者は4あるいは5
と回答し，ブランド性を感じなかった者は1あるいは2と回答した。それ
らの回答を集め，基準ごとに平均した結果を図表5-2に示した。なお，タ
オルハンカチはハンカチよりも通常はサイズが小さいイメージがあるが，こ
こでのタオルハンカチはハンカチよりも大きい商品であった。また，ガーゼ
風の手触りで，分厚さを感じる商品であった。

　残った商品であるタオルハンカチもバレッタも希少性の基準がどちらでも
ない（わからない）という評価である3.0に近い値となった。またフェア
トレードという異国性を感じることも完売したバッグやハンカチと比較すると
低い数値になった。つまり希少性や異国性のイメージが低いと判断されると，

図表 5-2　完売した商品としなかった商品との比較　(n = 60)

| 項目 | 完売した商品 | | 残った商品 | |
|---|---|---|---|---|
| | 鞄 | ハンカチ | タオルハンカチ | 髪留め |
| 色 | 4.0 | 4.5 | 3.5 | 3.8 |
| デザイン | 3.8 | 4.2 | 3.2 | 3.5 |
| 素材 | 4.5 | 4.0 | 3.8 | 4.0 |
| 価格 | 3.7 | 4.0 | 3.5 | 3.6 |
| サイズ感 | 4.0 | 4.5 | 3.8 | 4.0 |
| 異国性 | 4.5 | 4.5 | 3.2 | 3.4 |
| 希少性 | 3.8 | 3.5 | 3.0 | 3.2 |
| カジュアルさ | 4.2 | 3.4 | 3.2 | 3.6 |
| ブランド性 | 3.2 | 3.8 | 3.2 | 3.5 |

注：小数点以下第3位を四捨五入した。
出所：筆者作成。

フェアトレード・ファッション商品としては消費者へのアピール力が劣る商品になることが考えられる。では，回答した大学生たちが期待する異国性とは何かというと，たとえば，東南アジア系の色彩であったり，アースカラーを基調とした素朴な感じであったり，どこか日本とは異なるテイストが感じられることであるという回答を得られた。色彩の中には柄や模様も含まれている。希少性というのは，この場合はハンドメイドを期待していることがうかがえる。大量生産ではなく，現地の人々が自らの手で製品を作成していることが感じとれるようなものを「希少性」と大学生たちは理解しているのである。

## 4. 消費者の評価から見出される方策

　調査結果からフェアトレード・ファッション商品に対して，考えられることは以下の3点である。
（1）イメージレベルでは，色やデザインが既存のスカートやパンツよりも

劣るという結果であったことから，色やデザインはあえてフェアトレードらしさを求めることをしない方が得策であるという点である。むしろ，その時に流行している色やデザインを取り入れつつ，素材の希少性やサイズに関する工夫で差別化をはかることが重要である。

　（2）ファッション商品でも小物と呼ばれる種類のハンカチやタオルなどは，機能性を追求することよりも，来歴や産地などを明記する方が売れると考えられる点である。ハンカチが売れて，タオルハンカチが売れ残ったという事例から，タオルのような吸水性という機能よりも，図表5-2で示したような異国性，サイズ感，色を明確に伝えることにより，消費者に対して，アピールができるのである。これらの３つの基準はいずれも平均値が4.5となり，多くの大学生たちが高い評価をしているからである。

　（3）イメージ調査でのアクセサリー・雑貨は一品種を大量にそろえるのではなく，少量をバラエティ豊かにそろえる方が良いと考えられる点である。評価の値がブランド性（3.88），色（3.86），異国性（3.85），カジュアルさ（3.42）であったことから，いずれの基準も4.0を超えるような高い評価を得られなかった。しかし，実売をした調査の結果からは，バレッタも素材やサイズ感は4.0を超える高い評価を得ている。一方，希少性（3.05）やデザイン（3.04）は3.0に近く，どちらでもない（わからない）という評価であった。これは理解できる，つまり評価を判断できるほど，商品に接していないことが推察できる。もともと，アクセサリーや雑貨は種類が多いものであるため，消費者は選ぶ楽しみがある。ハンドメイドアクセサリーではなくても，希少性がある方が満足度も高いのである。

　今後，フェアトレード・ファッション商品の普及は日本市場において期待できる。これらの３つの方向性を有した販売戦略を考慮しつつ，フェアトレード・ファッションの商品価値を消費者にアピールしていくべきである。そして，おしゃれ感やブランド性というファッション商品ならではの特徴をふまえつつ，社会貢献や支援というこれまでにはない価値を付加させることができる，新しいファッション分野になることが期待できる。つまり，単純に衣類を着る，アクセサリーを身に着けるという行為だけではなく，商品や概念に共感し，フェアトレード・ファッションを応援したいという気持ちが

芽生える可能性がある。これは水越（2022）が述べる応援消費の中のひとつの消費形態であると考えられる。

＊本章は，辻（2018）に加筆，修正を行ったものである。

## 注

1 滋野ら（2018）の第1部では「第2章　製品政策」「第3章　価格政策」「第4章　マーケティング・コミュニケーション政策」「第5章　流通政策」として各章で説明がなされている。

2 石井ら（2016）では「社会や商品の動きや経験を生み出すこと」を「マーケティング・デザイン」とした。そのために第1に新たな顧客を発見し，その顧客と体験と実現の仕組み・収益に仕組みを創ることが不可欠であると説明している。

3 Kotler & Lee（2005）邦訳，p.132。

4 詳しくは「労働への対価として適正な価格を支払い，経済的に厳しい状況にいる人々の生活改善と自立を支援する貿易の仕組み」や「融資や技術訓練，保健衛生知識の共有など，様々な支援を行うと同時に，生産過程での児童労働の排除や，地球環境に配慮した取り組みの実施」であり，「消費者が自分の気に入った商品を購入することでできる身近な国際貢献」であると位置付けられている。詳細はシサム工房ホームページ，http://www.sisam.jp/fairtrade.html（2017年11月10日閲覧）から引用した。

5 インターネットアンケート・サービスを提供する「gooリサーチ」の対象：20歳以上の「gooリサーチ」消費者モニター，有効回答者数：2350人（男性50％，女性50％）うち20代が20％の結果，購入したことのあるフェアトレード商品の種類は1位：食料品88.0％，2位：アクセサリー・雑貨26.6％，3位：衣類21.2％であった（2010年）。

6 閲覧した会社は以下の2社である。有限会社シサム工房：京都市左京区田中西樋ノ口町に本社。創立日1999年4月，代表取締役水野泰平，資本金500万円である。フェアトレードカンパニー株式会社：東京都世田谷区奥沢に本社。創立日1995年1月，代表取締役ジェームズ・ミニー，資本金6000万円である。

7 長町（1989），p.8，表1.2に使用されたイメージ形容詞を引用した。本文以外には，持ちやすそうな―持ちにくそうな，つり合いのとれた―つり合いのとれない，親しみやすい―親しみにくそうな，きゃしゃな―丈夫な，温かそうな―冷たそうな，はでな―地味な，上品な―下品な，目新しい―平凡な，うまそうな―まずそうな，飲みやすそうな―飲みにくそうな，という形容詞対が示されている。

8 辻（2001），pp.39-44を参考とした。当時，1000人を対象としたが有効回答数は

672 であった。

9　2018 年 7 月下旬に，関西圏に立地している大学内で，女子大学生 200 人を対象として所持枚数の調査を実施した。

10　日本衣料管理協会刊行委員会（1988），p.14 を引用した。続きには「集合調査法は学生や職場の従業員のように，集合機会を持つ特定の調査対象者に対して調査すればよいような場合，一度に多数を同時に調査できるので能率的である」と説明されている。

11　神戸マルイは兵庫県神戸市中央区三宮町 1-7-2 にある株式会社丸井のファッションビルである。約 70 のブランドが展開されている。丸井の関西進出第 1 号店でもある。

12　有限会社シサム工房は 1999 年に設立され本社は京都である。三宮 SOL 店は神戸国際会館の地下 2 階で 2011 年に開店した。社内スローガンは「フェアトレードの現場に商品開発力と販売力を」である。

## 参考文献

青木幸弘（2010）『消費者行動の知識』日本経済新聞出版社。

石井淳蔵（1999）『ブランド―価値の創造―』岩波書店。

石井淳蔵・廣田章光・坂田隆文編（2016）『1 からのマーケティング・デザイン』碩学舎。

池尾恭一・青木幸弘・南知惠子・井上哲治（2010）『マーケティング』有斐閣。

ヴァンデルホフ，F. 著，北野収訳（2016）『貧しい人々のマニフェスト―フェアトレードの思想―』創成社。

滋野英憲・辻幸恵・松田優（2018）『マーケティング講義ノート』白桃書房。

辻幸恵（2001）『流行と日本人―若者の購買行動とファッション・マーケティング―』白桃書房。

辻幸恵（2016）『リサーチ・ビジョン―マーケティング・リサーチの実際―』白桃書房。

辻幸恵（2018）「フェアトレード・ファッション商品に対する女子大学生の評価」『繊維機械学会誌 せんい』71（12），pp.39-43。

中村正道（2019）『ブランディング』日本経済新聞出版社。

長田華子（2018）『990 円のジーンズがつくられるのはなぜ？』合同出版。

長町三生（1989）『感性工学―感性をデザインに活かすテクノロジー―』海文堂。

日本衣料管理協会刊行委員会編（1988）『消費者調査法』日本衣料管理協会。

水越康介（2018）『ソーシャルメディア・マーケティング』日本経済新聞出版社。

水越康介（2022）『応援消費―社会を動かす力―』岩波書店。

渡辺龍也編著（2018）『フェアトレードタウン―"誰も置き去りにしない"公正と共生のまちづくり―』新評論。

Blumer, H.（1969）"Fashion: From class differentiation to collective selection," *Sociolo-*

*gical Quarterly*, 10, pp.257-291.

Darden, W. R., and Reynolds, F. D.（1974）"Backward profiling of male innovators," *Journal of Marketing Research*, 11, pp.79-85.

Kotler, P., and Lee, N.（2005）*Corporate Social Responsibility: Doing the Most Good for Company and Your Cause*, Wiley.（恩藏直人監訳『社会的責任のマーケティング―「事業の成功」と「CSR」を両立する―』東洋経済新報社，2007）。

Martin, F. G. Davis, L. L., and Rowold, K. L.（1982）"Public self-consciousness, social anxiety, and attitudes toward the use of clothing," *Home Economics Research Journal*, 10(4), pp.363-368.

Moberg, M., and Lyon, S.（2010）"What's fair? The paradox of seeking justice through markets," *Fair Trade and Social Justice: Global Ethnographies*, New York University Press, pp.1-23.

Sproles, G. B.（1981）"Analyzing fashion life cycles: Principles and perspectives," *Journal of Marketing*, 45, pp.116-124.

# 第6章

# エシカル消費の現状

## 1. エシカル消費の概要

### 1-1　エシカル消費の意味と特徴

　本章ではエシカル消費の意味や，エシカル消費のフェアトレード商品との関わりなどについて述べる。一般的にはエシカル消費は倫理的消費とも呼ばれている。消費者庁は「消費者それぞれが各自にとっての社会的課題の解決を考慮し，そうした課題に取り組む事業者を応援しながら消費活動を行うこと」[1] と説明している。もちろんエシカル消費は事業者だけで成立するものではなく，そこにおいては消費者の存在は欠かすことができないものとしてある。エシカル消費に取り組む必要性については，消費者の視点，事業者の視点，行政の視点という3つの視点があり，それぞれが重要である。これらのポイントを図表6-1に示した[2]。

図表6-1　エシカル消費に取り組むための3つの視点

| 消費者の視点 | 事業者の視点 | 行政の視点 |
|---|---|---|
| 「倫理的消費（エシカル消費）」という言葉の認知度は低いものの基本的な概念は理解・認識 | 「企業市民」,「企業の社会的責任」の重要性を認識 | 人権や環境に配慮したまちづくり，地産地消，消費者教育などの取り組み |

出所：消費者庁「平成29年4月「倫理的消費」調査研究会取りまとめ「～あなたの消費が世界の未来を変える～」」より，筆者が抜粋した。

図表 6-1 の事業者の視点には「企業の社会的責任」の重要性が挙げられているが，ここでその事例として，スターバックス（Starbucks）のケースを示す。スターバックスが 2018 年 7 月に，「世界中の店舗で使い捨てプラスチックストローを 2020 年までに廃止する」と宣言したことは記憶に新しい。プラスチックのストローが鼻に刺さったまま海の中を泳ぐ亀の映像も衝撃的であった。ただし，スターバックスが環境問題に取り組むチームを立ち上げたのは今から 20 年以上も前のことである。夫馬（2020）は「社会貢献活動としての CSR に，「環境」という項目が加わったのが 1990 年ごろだった」と述べ，そのきっかけを，1987 年に採択された「オゾン層を破壊する物質に関するモントリオール議定書」であると説明している。その後は，1992 年に国連環境開発会議（地球サミット）で「リオ宣言」がなされ，「アジェンダ 21」「気候変動枠組条約」「生物多様性条約」などが宣言された。これらの一連の流れが今日のサステナビリティを念頭においた社会，持続可能な社会の形成につながっていくのである。なお，前章でも触れたが，CSR（Corporate Social Responsibility）とは，社会貢献活動，環境報告，法令順守など企業の社会的責任のことで，日本では 2002 年から 2003 年にかけて企業に導入された概念である。一般的に CSR のメリットは，「企業イメージの向上」「関係先とのつながりの強化」「従業員満足度の向上」などが挙げられる。一方，デメリットはコストがかかることである。長期的な視点からは利益を生み出す可能性はあるが，短期的には利益に結びつかない場合が多いのである。

　さて，エシカル消費は持続可能な社会の形成にも重要で，事業者や行政に加えて消費者の認識と行動が不可欠である[3]。エシカル消費の行動例として，買い物に使用するエコバッグの持参などが挙げられる。エコバッグをはじめ，いわゆるエコ商品の購入はエシカル消費のひとつの形態であるという見方ができる。エコは環境全般を示す言葉であるが，エシカルには廃棄行動，ごみの削減，ごみの焼却問題，海洋プラスチックごみ問題といった社会問題までも含められているからである。消費者個人の意識を起点としたこれらの関係を，図表 6-2 に示した。最初の段階では消費者個人が環境への意識を持つことから始まり，それをエコバッグの持参やペットボトルの回収協力などの

図表 6-2　エコ，エシカル消費の概念図

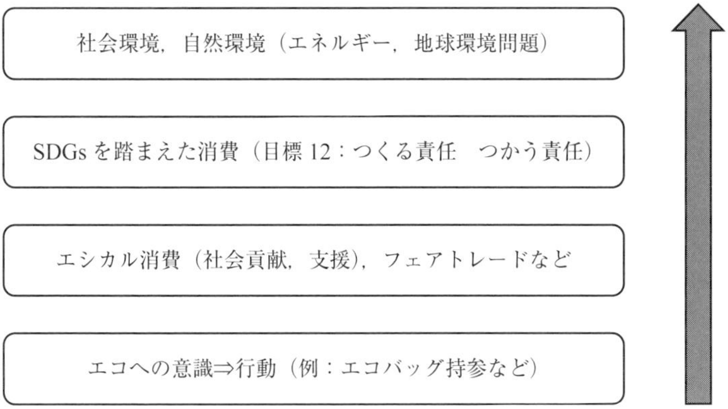

社会環境，自然環境（エネルギー，地球環境問題）

SDGs を踏まえた消費（目標 12：つくる責任　つかう責任）

エシカル消費（社会貢献，支援），フェアトレードなど

エコへの意識⇒行動（例：エコバッグ持参など）

出所：筆者作成。

行動に移す。その次にフェアトレード商品などの購入や，支援という行動をとる。支援行動は環境に特化するものではなく，女性問題や差別問題への支援も含まれる。さらにその支援の意図や支援する行動の意味を理解して，SDGs のつかう責任について知り，つかう責任を実践する。最後に SDGs の他の目標にそって社会環境，自然環境を意識した行動に移る。

　ただし，図表 6-2 の一番下の最初の意識の段階には個人差がある。そこには環境に対する情報源の有無，情報の接触量，情報に対する判断材料となる知識などが存在するからである。よって，図表 6-2 のエコへの意識を形成する要因の質の保証も重要なポイントになる。たとえば，SNS 等から情報を得ることが多い消費者は，エコに関する商品の実物を目にするよりも，それらの商品のイメージを形成する方が先になる可能性がある。そこで良いイメージが形成されたならば，その商品から広がるエコへの概念に対しても好意的になるであろう。一方，環境の悪化を SNS で知った消費者であるならば，その状況をなんとかしなければならないとの思いが強くなる可能性がある。そのような消費者は行動に移す速度が速くなる可能性がある。このようにエコをはじめとしてエシカル消費への意識付けがどこから，どのような媒体によって得られたのかによっても，そこから行動へ移す時間に差があると考えられる。もちろん，時間差の中には個人の資質も含まれており，たと

えば慎重な性格を有していれば，時間がかかる場合も考えられる。いずれにしても図表6-2は，おおまかな経路を示しているのであり，個人的な背景による影響までは示されていない。

　倫理的消費については，国民全体による幅広い議論の喚起や，意義の共有の必要性も指摘され，配慮をすべき対象も示されている。ここでは配慮すべき対象とその具体例を図表6-3として示す。その配慮を背景にした消費がエシカル消費とも考えられる。たとえば図表6-3の「人」の具体例の場合だと，実際に障がい者支援につながる商品を意識して継続的に購入することが，障がい者の人々の生活向上に役立ち，彼らの生きがいにつながり，消費者自身にも生きがいをもたらす。

　図表6-3に示されているが，前章までのフェアトレード商品は「社会」の中で配慮対象となる具体例として挙げられていることがわかる。フェアトレード商品や寄付付きの商品を購入するという行動が，日常生活の中で行うことが可能な社会貢献，支援なのである。これは，消費という行動を通じた，社会的な課題や問題の解決にもつながる。支援については村上・渡辺（2019）が「様々な支援ツールが提供されてはいるものの，『自分にあったやり方で』『好きなことをやろう』という立場」をSDGsに取り組むためのヒントとして挙げている[4]。このように，最近は支援そのもののとらえ方も柔軟に，また無理のない範囲で実施するという提案が多く，実施するという行動，支援

図表6-3　配慮の対象とその具体例

| 人 | 障がい者支援につながる商品 |
|---|---|
| 社会 | フェアトレード商品<br>寄付付きの商品 |
| 環境 | エコ商品，リサイクル製品<br>資源保護等に関する認証がある商品 |
| 地域 | 地産地消，被災地産品 |

動物福祉
エシカルファッション

出所：消費者庁「平成29年4月「倫理的消費」調査研究会取りまとめ「〜あなたの消費が世界の未来を変える〜」」より，筆者が抜粋した。

の方法も昨今では多様化しつつある。個人としての日常生活の中で，身近な支援という形は図表6-3内の地産地消や被災地産品が挙げられる。どの地域においても地域の産物はスーパーマーケットなどで販売されており，地産地消が可能な状態である。あるいは道の駅に行けば，そこには地域の産物が並んでいる。このように日々の買物行動の中でエシカル消費につながる支援に出会う機会は多いと考えられる。

　一方，図表6-3内の下段にある動物福祉やエシカルファッションとなると，すべての消費者に均一に目にとまるというわけではない。そもそも動物やファッションに関心がない人々も存在しているからである。フェアトレード商品や寄付付きの商品については，リアル店舗の有無や寄付に関心があるか否かによって目にする機会にも個人差が生じてくると考えられる。

　ところで，エシカル消費は，これまでの購入，使用，廃棄という商品の一連の流れとは異なる消費形態を含んでいる。具体的には，従来の消費の流れでは，消費者が商品を購入し，その後，使用する。そしてその商品が劣化したら廃棄するという流れである。一方，エシカル商品は使用した後，ごみとして廃棄するのではなく，ペットボトルのように資源としてリサイクルをする，古着のようにリユースをする，あるいは修理，つまりリペアをして再度使用するということもある。従来には最終段階において，廃棄という行為以外の可能性が広がったのである。特に古着に関しては，クリーニング技術や保管の技術の進化によって，衛生面の問題も改善され，消費者が手にとりやすい商品となってきた。昔のように古着は汚い，不衛生というイメージは若い世代にはほとんどなく，古着を着るのは貧乏だからだというネガティブなイメージもほとんどなくなっている。むしろプレミアがついたような古着も存在しており，一点モノとしての価値を古着に認めている。ここでいう一点モノとは，既製品のように大量に世の中に存在する商品ではなく，非常に希少価値がある製品という意味である。

## 1-2　エシカル消費・商品と消費者の認知調査

　2020年の消費者庁の調査によるとエシカル市場は増加傾向にある[5]。そこで，大学生を対象にエシカル消費をどの程度，認知しているのかを調査した。

対象者は私立総合大学に在籍する神戸市在住の大学生 3 年生 100 人（男女共に 50 人）とし，2022 年 7 月 7 日に Google フォームを用いて調査を実施した。

　質問項目は以下の 6 つで，それぞれの結果と合わせて述べる。

　ひとつ目の質問として，エシカル消費という言葉を聞いたことがあるか，ないかを二者択一式で尋ねたところ，結果は 85％の大学生たちが聞いたことがあると回答し，残りの 15％の大学生たちは聞いたことがないと回答した（図表 6-4）。二者択一式の利点は文字通り，どちらかに回答者の意見が反映されるところにある。ただし，回答者たちが回答しにくい質問，また質問内容が理解されていない場合には正確な回答を得ることができない方式である。今回の場合はエシカル消費という言葉を聞いたことがあるか，ないかということであるので，二者択一式でも正確な回答を得ることができると判断した。

　ふたつ目の質問として，エシカルの意味を説明できるか否かの二者択一で尋ねたところ，結果は 71％の大学生たちが「説明できる」と回答し，残り 29％の学生たちは「説明できない」と回答した（図表 6-5）。ただし，筆者からは説明の基準を示さなかったので，回答した学生たちが各自の判断で「説明できる」あるいは「説明できない」と回答した。よって，どの程度ま

図表 6-4　エシカル消費という言葉を
　　　　　聞いたことがあるか否か

（単位：％，n ＝ 100）

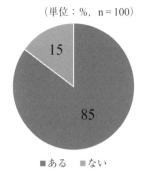

■ある　■ない

出所：筆者作成。

図表 6-5　エシカルの意味を
　　　　　説明できる否か

（単位：％，n ＝ 100）

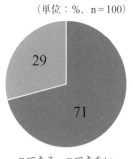

■できる　■できない

出所：筆者作成。

で説明できると「説明できる」と回答したのかは個人によって差が生じている。また，詳細な説明が求められているのだと判断し，「説明できない」と回答した学生が含まれる可能性はある。

　3つ目の質問として，エシカル消費を実践していると思うか，否かを二者択一で尋ねたところ，結果は，実践していると回答した学生は25％，していないと回答した学生は41％，そしてどちらかわからないと回答した学生は34％であった（図表6-6）。つまり4分の1の学生たちはすでに，何らかの形でエシカル消費を実践しているのである。ただし，これらは本人たちの自己申告であるので，気がつかずにエシカル商品を購入している可能性はある。

　4つ目の質問として，今後エシカル消費は生活する上で必要か否かを尋ねたところ，結果は，必要だと回答した学生が93％，不要だと回答した学生が7％となった（図表6-7）。必要だと回答した学生たちの共通点は，エシカル消費によって，地球規模の環境問題が改善されると考えていることであった。彼らは，現在の環境問題の原因が，企業だけではなく，消費者の意識や行動にもあると指摘している。たとえば，プラスチックごみ問題にしても，河川への消費者のポイ捨てという行動のためにおきていると考えているのである。廃棄行動にしてもごみを出す消費者の意識が変化すれば，リデュースやリペ

図表6-6　エシカル消費を実践しているか
　　　　　否か

（単位：％，n＝100）

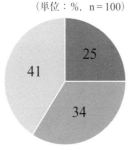

■している　■わからない　■していない

出所：筆者作成。

図表6-7　今後のエシカル消費
　　　　　の必要性

（単位：％，n＝100）

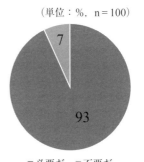

■必要だ　■不要だ

出所：筆者作成。

アという行動をとることができると考えている。

　不要だと回答した学生たちに，その理由を記述式で尋ねた。その結果，次のような記述回答が得られた。「わざわざエシカル消費ということを意識しなくても，エシカルに関わる商品が将来的には増加するであろうと予測されるため，必然的に消費がなされるはずである。よって，必要かどうかということでは特に必要ではく，自然に消費の中に含まれると判断した」「消費そのものの形態が変化していく中で，現在，エシカル消費は意識しなければならないことだが，未来において環境問題が改善，解決していけば生活する上で特に必要がなくなると考えた」「必要だから消費を実践するのではなく，将来的にはこれが当たり前になると思うので，わざわざ必要だとは思わなかった」などである。よって，エシカル消費そのものを否定しているわけではなく，消費形態の変化や環境問題の改善によって，特に必要ではなくなるという回答が得られた。

　5つ目の質問として，エシカル商品と聞いて思い浮かべる商品すべてに○をつけて下さい，という質問をした。その回答結果を図表6-8に示した。この図表6-8に示した商品は，別の調査でエシカル商品について学生たちが

図表6-8　エシカル商品として想起する商品

（単位：人，n＝100）

| | |
|---|---|
| エコマークの商品 | 90 |
| フェアトレード商品 | 84 |
| オーガニックコットンの商品 | 57 |
| LED電球 | 32 |
| オーガニック野菜 | 28 |
| 地産地消の農産物 | 15 |
| 充電式電池 | 8 |
| 資源保護の認証マーク付商品 | 6 |
| 古着 | 5 |
| その他 | 10 |

注：複数回答あり。

出所：筆者作成。

思い浮かべた商品から多いものを抜粋した。よって，ここに挙げている商品をまったく知らないという学生はいないことを前提としている。また，ひとりがいくつでも○をつけられる複数回答になっているが，○を一番多くつけた学生は，例示商品であるエコマーク商品から古着までの9つの商品すべてとその他に○をつけていた。○が一番少なかった学生は，オーガニック野菜と地産地消の農産物のふたつのみに○をつけていた。なお，その他の項目を追加し，具体的に記入してもらう欄を配置した。多くの調査票には，選択式の場合はその他が加筆されていることがある。これは調査者側が想定していない回答をも得るためである。

　図表6-8ではエコマークの商品を想起した者が一番多く100人中90人であった。次にフェアトレード商品で100人中84人であった。3位のオーガニックコットンの商品は57人，4位のLED電球は32人であった。オーガニックコットンの商品と聞いた学生たちの多くは衣服やタオルを想起していた。LED電球についてはすでに家庭内で使用されており，身近な商品のひとつとなっている。図表6-8に示した商品以外にも想起するものをその他として集計した結果，10人が他の商品も挙げた。その中にはエコバッグ，賞味期限切れ食品（カップ麺，飲料，菓子など），木製の食器などが挙げられた。なお，賞味期限と消費期限は異なっており，一般的には賞味期限はその商品を美味しく食べることが可能である，いわば品質が保証されている期限である。一方の消費期限はその期限内であれば安全に食することが可能な期限である。この消費期限を超えると安全ではなくなる可能性が出てくるという期限である。もちろん，保存方法などの影響もあるので，一概には言えないが，実際には賞味期限が迫った商品を安価で仕入れ，それを店頭販売している専門のスーパーマーケットも存在している。そのような実例を知っている学生たちが，その他の項目に記載した可能性がある。最近は「もったいない」という従来の風潮に加えて，日本では円安などの影響によって物価が上昇しているため，価格に敏感に反応する消費者の増加があることも，社会的な背景として含まれていると考えられる。

　6つ目の質問として，エシカル商品を購入する場合，どの程度割高になったとしても購入したいと思うか，という購入金額の希望を尋ねた。つまり，

既存の商品よりもいくらか高額になったとしても，大学生たちにエシカル商品を購入するか否かを尋ねた。

　その結果を図表6-9に示した。図表6-9を見ると，既存の商品よりも60%以上高くなってしまうと大学生の場合は購入する意識がなくなってしまうことがわかった。一方，10%程度高額になったとしても100人中41人は購入意思があった。ここからわかることは，エシカル商品が他の商品と比較して割高になったとしても，10%程度ならば十分に大学生たちは購入してくれるということである。なお，割高になったら購入しないと回答した者はわずか5人であった。

　エシカル商品には既存の商品よりも価格として10%程度の価値があるこ

図表6-9　エシカル商品が割高になった場合に購入したいと思う上限について

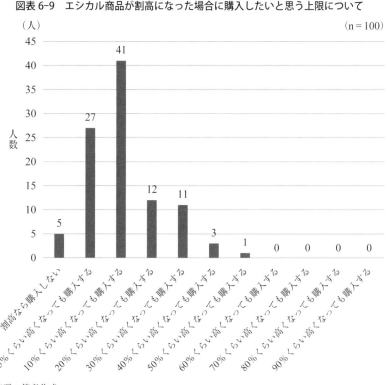

出所：筆者作成。

とが考えられる。エシカル商品の中にはフェアトレード商品も含まれており，今後，既存の商品よりも割高になったとしても購入意思がある消費者がいることが予想される。

## 2.　エシカル商品の消費と社会環境

### 2-1　フェアトレード商品の消費と消費者の生活

SDGs には 17 の目標があるがフェアトレード商品に関しては，「目標 12：つくる責任つかう責任」以外でも SDGs と関わりが深い。たとえば，「目標 1：貧困をなくそう」は，生産国の労働者問題につながっている。貧困は時として「目標 2：飢餓をゼロに」とも結びつく。貧しい生活の中で生活費を稼ぐために児童を働かせれば，そこには児童労働の問題や「目標 4：質の高い教育をみんなに」という目標との乖離がある。また，労働時間の長さや労働環境の悪い場所での作業は「目標 8：働きがいも経済成長も」にも関連している。

なお，日本では SDGs の認知度は 2021 年から急拡大している（図表 6-10）。

図表 6-10　日本における SDGs の認知度

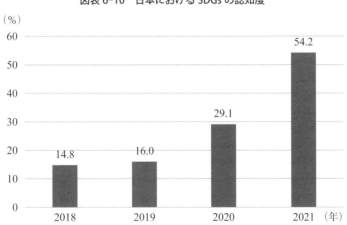

出所：電通（2021）「第 4 回 SDGs に関する生活者調査」に筆者加筆。

また，消費者庁（2020）「令和元年度エシカル消費に関する消費者意識調査報告書」によると，2016年度では，「これまで購入したことがあり，今後も購入したい」と回答した消費者は全体の23.4％であったが，2019年度には35.5％と増加した。一方，「これまでに購入したことはなく，今後も購入したいと思わない」と回答した消費者は，2016年度では33.6％であったが，2019年度では14.6％と減少した[6]。つまり，全体的に購入を希望する傾向が高まっていることがわかる。これは多くの人々がエシカル消費を生活の中に取り入れる方向に動きつつあることを示している。ただし，『エシカル白書2022-2023』の巻頭対談の中では「世界と比べて当事者意識が低い日本の若者」というタイトルのとおり，若者の当事者意識の低さが例示されている[7]。ただし，それは世界と比較してというところであるので，昨今の意識の高まりは巻頭対談でも認められている。なお，この対談はジャーナリストの国谷裕子氏と一般社団法人エシカル協会代表理事の末吉里花氏のふたりによるものである。

　エシカル消費への意識については，コロナ禍が大きく影響しており，コロナ禍以前と現在とをダイレクトに比較することはできない。意識は一般的には「自己または外界について抱く直接かつ明証的な経験をいう。その意味で他の事象に還元することは不可能であり，また内在的と感じられる」[8]と説明されている。内在的なものであるからこそ，外からは判断がつかないが，多くの場合はその意識を行動に移した時に，消費者行動として外部者からも判断がつくようになるのである。また，意識を形成する要素の中には，経済的要因，文化的要因，環境的要因，社会的要因，政治的要因などが挙げられるが，特にコロナ禍では経済的要因や政治的要因の影響が考えられる（図表6-11）。

　たとえばコロナ禍では政治的，経済的な要因が消費者個人に影響を与える。政府の方針によって，行動制限がなされ，自宅待機などを余儀なくされる。そのため，コロナ禍以前とは異なる消費行動になるからである。また，経済的な要因にしても，これまでとは異なる買物行動になれば使用する金額も異なることは予想される。つまり，購入場所もリアル店舗ではなく，SNSを利用するものになる可能性もあり，支払い方法も現金ではなく，キャッシュ

図表 6-11　消費者の意識形成に影響を及ぼす要因

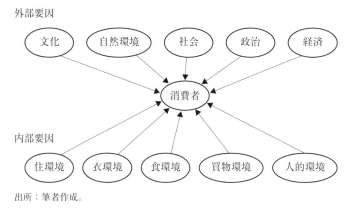

外部要因

文化　自然環境　社会　政治　経済

消費者

内部要因

住環境　衣環境　食環境　買物環境　人的環境

出所：筆者作成。

レス決済がメインになる場合もある。また，収入にしてもコロナ前とは異なる消費者も増加した。

　さて，フェアトレード商品の種類はコロナ禍であっても，増加傾向にあった。その背景には，外部要因では社会的要因，政治的要因が，内部要因では食環境，買物環境が影響していると考えられる。社会的要因については，これまでにも述べてきたとおり，SDGs が採択されたことによって，世界的に認知が広がり，その実行に向けて社会全体が動いているからである。その実効性を高めるために政府も政策を発表するため，政治的要因からも影響を受ける。身近なところではごみに関する条例の改定などもそれに該当する。内部要因の食環境については食品ロスをはじめとして，安全な食への関心が広がると共に，フェアトレード食品への関心も広がりつつある。買物環境についても，昨今では SNS でフェアトレード商品が紹介され，その種類も増加傾向にある。またリアル店舗においても，フェアトレードの専門店だけではなく，イオンなどのショッピングモール，百貨店などにもフェアトレード商品が置かれるようになってきた。フェアトレード商品を身近に感じる環境が整ってきているため，購入機会が増加していると言えよう。

## 2-2　社会環境の中での SDGs や ESG

　最近では，さらに SDGs の認知度は上がってきている。また，消費者の
みならず，経営者（事業をする側）は，SDGs だけではなく ESG にも関心
があると言われている。ESG とは環境（environment），社会（social），企
業管理（governance）を指している。村上・渡辺（2019）によると「SDGs
と同じように経営者が関心を持つキーワードとして，『ESG』もあります。
（中略）ESG の 3 つの側面に配慮したビジネスを行ったり，投資の意思決定
を行ったりしよう，というふうに使います」[9] と述べられている。

　エシカル消費，SDGs，フェアトレード商品などを市場の観点から分析し
た研究のひとつに河口（2017）の市場からみたエシカル消費がある。河口は
社会の持続可能性を高めるためには，企業のサプライチェーンを通じた環境
社会配慮が不可欠だとしている。河口は著書の中で，経済主体とそれぞれの
エシカルとの関係を説明するために大和総研の図を引用しているが，ここで
はその図を簡潔にしたものを図表 6-12 として示した[10]。図表 6-12 は，SDGs
達成のためには，これまでの「お金の環境を変える」必要があるとし，それ
ぞれの産業との関わりを示す図となっている。

　図表 6-12 に示した行政，企業，消費者の 3 つの間を貨幣が流れている。
そしてその中には産業や金融を交えながら，個々の働きがある。昨今はその
お金の循環が利益だけではなく，社会貢献を生み出すしくみづくりが必要な
のである。そしてお金の循環，つまりこのサイクルの規模は消費者が決めて
いるのである。また，消費者は保護される対象から自立した対象になってい
くべきことを日本消費者教育学会（2005）では課題としながら，自立した主
体としての消費者への支援や消費者の役割を説いている。なお，白鳥（2009）
は世界的な傾向として大企業が環境問題を認識しつつ，経営をすすめ企業発
展のための，技術革新やマーケティングについてふれ，そこで環境起業家の
必要性を説いている。

　また，図表 6-12 左側の行政がリサイクル処理や廃棄のルールや法令を示
さなければ，消費者の 3 R（リデュース，リユース，リサイクル）も具体化
できないのである。廃棄が難しいような製品は安易に所持せずシェアしよう

図表6-12　経済主体とエシカル消費との関係

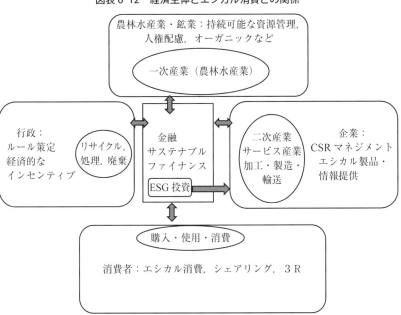

出典：大和総研
出所：河口（2017），p.275，図１を参考に筆者が加筆修正。

という心理になり，シェアリングも活発に行われるようになると考えられる。これらの積み重ねがエシカル消費へと消費者の日常生活を導いていくのである。

　行政が経済的なインセンティブを示すことによって，企業もCSRマネジメントを重視していくようになる。CSRとは企業の社会的責任のことである。CSRマネジメントは日常業務の一環としてCSRをとらえて，実行することである。企業からもエシカルに関連する製品，サービス，情報を消費者に提案することによって，利益をあげることが可能になるのである。この地についた日常業務の積み重ねが，やがて，環境（environment），社会（social）につながり，概念としてESG（環境，社会，企業管理）に直結していくのである。

## 3. エシカル消費と今後の課題

　SDGs，フェアトレード，ESG，CSRといったこれまでの流れの中での大きな柱は，サステナブル社会をいかに実現していくのかということである。そして，サステナブル社会を考える上で地球規模での環境問題を無視することはできないのである。ここでの環境には自然環境のみではなく，人が営む社会，経済活動も含まれている。大澤（2010）は物質の循環，廃棄物処理問題に加えて，自然環境と人との関係に焦点を当て，循環型社会を論じている。だからこそ，企業も自然環境を踏まえながら，主体的に自らのつくり出す製品，サービスに社会的な責任を持たなければならないのである。またその製品やサービスが決して自然環境を損ねるものであってはならないのである。現在では，プラスチックごみが海洋資源の破壊につながっていると言われ，大きな問題となっている。プラスチックによるごみ問題とは，日常生活の中で使用しているプラスチック製のペットボトルや容器などが，河川への「ポイ捨て」など適切な処分がなされないまま海に流されて，ごみになることを示している[11]。世界的な問題であるため，SDGs の中にも掲げられている。このようなポイ捨ての行為は，消費者である側のひとりひとりの意識の問題でもある。大きな問題ではあるが，その起点は消費者個人であると言えよう。

　今後の課題の中には，その個人の意識と行動をいかに変えていくのかというものも含まる。意識と行動を変えるためには，売り手側である企業の製品やサービス提供にどのような判断をしていくのかも，いわば消費者の役割でもある。消費者の目線から製造のプロセスを可視化するシステムを要望することも，企業や行政に要求できるであろう。可視化することによって，製造段階で材料の仕入れ方法や使用方法，ロスの多さ，ごみ処理の方法などを消費者自身が知ることができる。知ることによって，その製品の環境への影響やその製品への価値判断を消費者が的確に行うことができる。また，エシカル消費への理解を深める努力も消費者自身がすべきところである。

　次章ではここでふれたプラスチックごみの問題について詳細に述べる。

**注**

1　消費者庁では 2015 年 5 月から 2 年間にわたり「倫理的消費」調査研究会を開催している。ここでは地域活性化などを含む社会や環境に配慮した消費行動について議論された。https://www.caa.go.jp/policies/policy/consumer_education/public_awareness/ethical/about/（2022 年 8 月 31 日閲覧）を引用した。

2　「～あなたの消費が世界の未来を変える～」という題目で，平成 29 年 4 月に「倫理的消費」調査研究会が取りまとめたものを参考にした。

3　夫馬（2020），pp.39-41 を参考とした。夫馬はこの本の中で資本主義をニュー資本主義，脱資本主義，オールド資本主義，陰謀論という 4 つの象限に分けて考えている。4 つの象限を分ける軸として縦軸に環境・社会への影響考慮の賛否を，横軸に環境・社会への影響を考慮する利益の増減を設定している。

4　村上・渡辺（2019），p.84 から引用した。これは「第 3 章　SDGs に取り組むときのヒント」の中の一部分である。p.84 には，企業に対して「SDGs は，持続可能性という長期的な課題を解決するためにあるわけですから，企業の取り組みも，一過性のブームになってしまっては本来の趣旨から外れてしまいます」と長期的なビジョンの必要性を述べている。

5　消費者庁（2020）「令和元年度エシカル消費に関する消費者意識調査報告書」では，エシカル商品の購入希望者は 8 割になっていることを報告している。また，コロナ禍を経て，よりエシカル消費を意識するようになったことも報告されている。

6　消費者庁（2020）「令和元年度エシカル消費に関する消費者意識調査報告書」より引用した。この頁のタイトルは「エシカル市場の成長」であり，「エシカル商品を購入したい人は 8 割にまで上昇。さらにコロナ禍も経て意識が上昇している」と記されている。本文は特に p.25 を参考にした。

7　一般社団法人エシカル協会（2022），pp.15-18 を参考とした。国谷裕子（ジャーナリスト）は「若者の当事者意識が高まっていると聞いてほっとするのですが，それでも世界と比べて日本の若者たちの当事者意識はまだまだ低いと思います」と述べている（p.17）。

8　大山ら（1978），p.7 を引用した。本文は同書における①の意味で，続きに「②構成主義や連合主義などの意識主義心理学では，意識を感覚・感情・概念などの複合体とみなし静止的・要素主義的見解をとるが，W. ジェームズやゲシュタルト心理学では意識の流動性や全体性を強調する」と記載されている。

9　村上・渡辺（2019），p.68 を引用した。また，同頁には「SDGs の S，サステナビリティを重視しようとするときに，どういう思考回路でものを考えなくてはならないか？その答えが ESG です」とある。

10　河口（2017），p.275「図 1　経済主体とそれぞれの「エシカル」」を参考にしている。この図では「消費者が，このサイクルの大きさを決める」と図内に記入されてい

るが，本書では，それは図内から省略し，本文に掲載した。その方が図として見やす
く，主体間の関係が明確になると判断したからである。

11　中谷（2019）を参考にした。

## 参考文献　⎯⎯⎯⎯⎯⎯⎯⎯⎯⎯⎯⎯⎯⎯⎯⎯⎯⎯⎯⎯⎯⎯⎯⎯　●

一般社団法人エシカル協会編（2022）『エシカル白書 2022-2023』山川出版社。

上田和勇編著（2021）『ビジネスにおける異文化リスクのマネジメント―アジアの事例
　を中心に―』白桃書房。

大澤正治（2010）『自然環境を拝借する社会経済』税務経理協会。

大山正・藤永保・吉田正昭編（1978）『心理学小辞典』有斐閣。

河口真理子（2017）「２つの「市場」が動かすエシカル消費」『廃棄物資源環境学会誌』
　28（4），pp.275-285。

桜井茂男（1988）「大学生における共感と援助行動の関係―多次元性共感尺度を用い
　て―」『奈良教育大学紀要』37（1），pp.149-154。

消費者庁（2020）「「倫理的消費（エシカル消費）」に関する消費者意識調査報告書」イ
　ンテージリサーチ，pp.1-68。

白鳥和彦（2009）『環境企業家と観光経営の新展開』税務経理協会。

高橋広行・豊田尚吾（2015）「エシカル商品の購買を促す社会的価値のコミュニケー
　ション―キーコンセプトの提示による価格受容度の変化を通じて―」『日経広告研究
　所報』279，pp.10-17。

田中優（2002）『環境破壊のメカニズム―地球に暮らす地域の知恵―〈改訂版〉』北斗
　出版。

玉置了（2004）「消費によるアイデンティティ形成と現代的諸問題」『経済論叢』（京都
　大学経済学会），174（5・6），pp.369-391。

中谷隼（2019）「プラスチック資源循環と海洋プラスチック問題」『環境経済・政策研
　究』12（2），pp.81-84。https://doi.org/10.14927/reeps.12.2_81

日本消費者教育学会（2005）『消費生活思想の展開』税務経理協会。

広垣光紀（2016）『成熟社会とマーケティング・イノベーション』千倉書房。

福田典子・渡辺隆一（2021）「エシカル消費，フェアトレード商品の認知・購買に関す
　る実態― 2019 年長野県在住の一般市民・学生を対象とした事例―」『信州大学教育
　学部研究論集』15，pp.211-220。

夫馬賢治（2020）『ESG 思考―激変資本主義 1990-2020，経営者も投資家もここまで
　変わった―』講談社。

村上芽・渡辺珠子（2019）『SDGs 入門』日本経済新聞出版社。

Browne, M. A., Crump, P., Niven, S. J., Teuten, E., Tonkin, A., Galloway, T., and Thompson,
　R.（2011）"Accumulation of microplastic on shorelines woldwide: Sources and sinks,"

*Environmental Science & Technology*, 45(21), pp.9175-9179.

Jambeck, J. R., Geyer, R., Wilcox, C., Siegler, T. R., Perryman, M., Andrady, A., Narayan, R., and Law, K. L. (2015) "Plastic waste inputs from land into the ocean," *Science*, 347 (6223), pp.768-771.

Shaw, D., and Moraes, C. (2009) "Voluntary simplicity: An exploration of market interactions," *International Journal of Consumer Studies*, 33(2), pp.215-223.

Sirgy, J. M., and Danes, J. E. (1982) "Self-image/Product-image congruence models: Testing selected models," *Advances in Consumer Research*, 9, pp.556-561.

# 第7章

# つくる責任つかう責任，そして廃棄する責任
## ─プラスチックごみ問題を考える─

## 1. はじめに

　プラスチックによる海洋汚染が近年，地球環境問題として注目を集めている。SDGs（Sustainable Development Goals：持続可能な開発目標）においても 14 番目に「海の豊かさを守ろう」が掲げられており，ターゲット 14.1 に「2025 年までに，海洋ごみや富栄養化を含む，特に陸上活動による汚染など，あらゆる種類の海洋汚染を防止し，大幅に削減する」という目標が設定されている。また，SDGs の 12 番目では「つくる責任つかう責任」が取り上げられており，ターゲット 12.5 に「2030 年までに，廃棄物の発生防止，削減，再生利用及び再利用により，廃棄物の発生を大幅に削減する」という目標も設定されている。

　2017 年 6 月には SDGs の目標 14 を中心議題とした初めての「国連海洋会議」が開かれ，海洋環境の劣化を食い止め，健全性を回復するための措置を早急に取ることが全会一致で合意された。翌 2018 年 6 月，カナダで開催された G7（主要 7 カ国）シャルルボワ・サミットでは，イギリス，フランス，ドイツ，イタリア，カナダの 5 カ国と EU が「海洋プラスチック憲章（Ocean Plastics Charter）」に署名した。

　この憲章では，プラスチックが経済や日常生活において重要な役割を果たしていることを評価する一方で，環境，そして潜在的には人間の健康に重大な脅威をもたらすことから，不要なプラスチックの使用を避け，廃棄物の抑

制を目指すとしている。具体的には，2030年までに100％のプラスチック
がリユース，リサイクル，また他に有効な選択肢がない場合は回収可能とな
るよう産業界と協力する，また2030年までにプラスチック包装の少なくと
も55％をリサイクルおよびリユースし，2040年までにすべてのプラスチッ
クを100％回収する，などの数値目標が掲げられている[1]。

　日本とアメリカはこの海洋プラスチック憲章に署名せず，国の内外から批
判された。国際環境NGOグリーンピース・インターナショナルは「日本と
米国が同憲章に署名すらしなかったことは，恥ずべきこと（中略）政府に求
められるのは，業界の自主的な規制に任せるのではなく，法的拘束力のある
削減目標を定め，使い捨てのプラスチックを禁止すること，そして，新しい
リユース型製品の搬送システムを構築することや，企業が作り出している問
題への責任の所在を明確にすること」[2]であるという声明を出している。日
本が署名しなかったのは環境規制に消極的なアメリカのトランプ大統領（当
時）への配慮があったのではないかとも言われているが[3]，翌2019年6月
に開催されたG20大阪サミットにおいて日本政府は海洋プラスチックごみ
に対して積極的に取り組む姿勢を示している。

　しかし，プラスチックごみ対策は政府だけが取り組めばよいという問題で
はない。実際にペットボトルやレジ袋，食品用容器といったプラスチック製
品を消費し，廃棄するのは消費者である国民だからである。図表7-1でレ
ジ袋など包装に用いるプラスチックごみの排出量を見ると，総排出量は中国
が圧倒的に多いが，人口一人当たりの排出量では日本が中国を少し上回って
いる。世界的に見ても，日本の一人当たりの排出量は決して少ないとは言え
ず，プラスチックごみを削減するためには国民一人ひとりがその消費行動や
ライフスタイルを見直し，ごみの発生抑制に努めなければならない。本章で
はプラスチックごみ問題を取り上げ，環境に負荷をかけない持続可能な社会
を実現するために何が必要かを検討する。

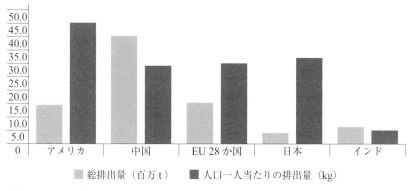

図表 7-1　包装に用いるプラスチックごみの排出量（2014 年）

出所：UNEP（2018），p.5.

## 2. プラスチックごみによる海洋汚染と生態系への影響

　プラスチックは軽量で耐久性があり，かつ安価に生産できる極めて有用な素材である。また，プラスチックに添加剤を混ぜることで，その用途はさらに広がる。たとえば，ビスフェノール A とフタル酸エステルを添加すると「水に強く，燃えにくい」という特性を持ったプラスチック製品が作られる[4]。このようにプラスチックは添加剤によって様々な特性を与えられることで，ペットボトル，食品用トレー，シャンプーや洗剤の容器，レジ袋などに加工され，私たちの日常生活を支えている。

　世界のプラスチック生産量は 1964 年に年 1500 万 t であったが，2014 年には 3 億 1100 万 t となり，50 年間で 20 倍以上に増加している[5]。その一方で，大量に消費されたプラスチックは使い捨てにされることも多く，適切に処理されずに自然界へ流出してしまうことが問題となっている。不用意に捨てられたり，風で飛ばされたりしたプラスチックごみは，雨が降ると流されて水路や川に入り，そのほとんどが海へと流れ込む。

　最近の研究では，日本近海の東アジア地域におけるプラスチックの浮遊密度が世界の他の海域よりも高いことがわかってきた。九州大学の磯辺篤彦教

授の研究グループが 2014 年の 7 月から 9 月にかけて日本海など 56 カ所の海水を調査した結果，平均で 1km$^2$ 当たり 172 万個のプラスチックが漂流していると推定された。この浮遊密度は世界各地で調査された平均値の 27 倍に匹敵するという[6]。磯辺教授は「なぜ日本の周りでこれほど多いのか，漂流の実態はわからないことだらけ」だと語っている[7]。

　環境省も 2010 年から 2018 年まで国内の 10 地点（稚内，函館，深浦，羽咋，八丈，淡路，高知，松江，下関，奄美）を対象として海岸等にある漂着ごみについて調査を実施している。それによると，漂着ごみ（容積ベース）は 10 地点中 7 地点で自然物に比べ人工物が多く，人工物の割合は，プラスチック類の割合が高い地点が多い結果となった。プラスチック類の主なものは，漁網・ロープ，飲料用ボトル等であった。また，漂着したペットボトルの言語表記は，言語が不明なものを除くと，羽咋，松江，下関および奄美では外国語表記の割合が 6 割以上を占めた。一方，日本語表記が 5 割以上を占める結果となったのは淡路，高知であった[8]。このように，場所によって回収されたペットボトルの製造国は異なっているが，海を漂流するプラスチックごみは世界中に拡散するため，国際的な対策が必要である。

　2016 年の世界経済フォーラム年次総会では，少なく見積もっても，世界中で毎年 800 万 t のプラスチックが海に流出していると報告された。海を漂流するプラスチックごみはすでに 1 億 5000 万 t を超えており，有効な対策が講じられなければ，2050 年までに海中のプラスチックの重量が魚の総重量を上回ってしまうという[9]。

　北太平洋上にはアメリカのカリフォルニア州沖からハワイ沖にかけて，海を漂うプラスチックごみが集まる「太平洋ごみベルト」と呼ばれる海域がある。1997 年 8 月，初めてこのごみベルトを発見した市井の科学者チャールズ・モア（Moore, Charles）はその様子を「プラスチックでできた薄いスープ」と表現している[10]。この海域には，細かく砕かれたプラスチックを中心に 1 兆 8000 億個，総重量約 7 万 9000 t のごみが日本の面積の 4 倍以上に当たる 160 万 km$^2$ にわたって浮かんでいる[11]。

　海洋を漂流するごみの中でも，木材や紙は微生物によって最終的には分解されるが，プラスチックごみは細かく砕けることはあっても完全に分解され

ることはないため，漂流しながら遠くまで運ばれる[12]。前出の磯辺教授のグループによる調査では，生活圏から最も遠い南極海においてもプラスチックごみの浮遊が確認されている[13]。

　海洋を漂流するプラスチックごみに関して最大の問題は，海洋生物がそれを餌と間違えて摂取してしまうことである。東京農工大学の高田秀重教授の調査によると，2015 年 8 月に東京湾で釣ったカタクチイワシ 64 匹のうち，49 匹の体内からプラスチックが見つかっている[14]。また，プラスチックが消化されずに胃の中に溜まったり，消化管に詰まったりして，本来の餌が食べられなくなった海鳥やウミガメ，クジラなどが死んでしまった事例は世界中で報告されている。たとえば，2018 年 11 月，インドネシア中部スラウェシ島の海沿いに流れ着いたマッコウクジラの胃の中からは，ポリ袋やペットボトルなど大量のプラスチックごみが見つかった。クジラは全長約 9.5m で，発見されたときにはすでに腐敗が進んでいたという。通報を受けた現地当局や世界自然保護基金（World Wide Fund for Nature：WWF）が調べると，胃の中から計 5.9kg のプラスチックごみが見つかった[15]。直接の死因はわからないが，クジラはプラスチックごみを飲み込んだことにより死んだ可能性が高いと見られている。

　プラスチックごみによる被害は上記のような海洋生物による誤摂取という問題だけにとどまらない。海を漂流するプラスチックからは次の 2 種類の有害化学物質が検出されている。ひとつは元々プラスチック製品に含まれている，酸化防止剤，可塑剤，難燃剤などの添加剤である。たとえば，酸化防止剤などとして使用されるノニルフェノールは人体に入ると子宮内膜症や乳がんの原因になると言われている[16]。

　もうひとつはプラスチックが海水中から吸着する有害化学物質である。海水中には，その有害性から現在では製造や使用が禁止されているポリ塩化ビフェニル（PCB）などの有害化学物質が存在する。これらは有機汚染物質（Persistent Organic Pollutants：POPs）と呼ばれ，残留性有機汚染物質に関するストックホルム条約で製造・使用・輸出入の禁止または制限が定められている。プラスチックは元々石油から作られていることから，油に溶けやすい性質を持った有機汚染物質と親和性があり，それらを吸着してしまう。そ

の結果，海中のプラスチックには周りの海水に比べて百万倍程度の汚染物質が付着しているという[17]。

　有害な化学物質が含まれるプラスチックを海洋生物が誤って摂取することで，化学物質が生体内で濃縮され，最終的に生態系や人体に対して悪影響を及ぼす可能性が懸念されている。室内実験では，有害化学物質の付着したプラスチックを摂取したメダカやゴカイから肝機能障害や肝臓の腫瘍が見つかっている[18]。魚介類を食べる私たち人間への影響についてはまだ十分に解明されていないが，このままプラスチックごみの海洋流出が続けば，さらに生態系へ悪影響を及ぼすことは間違いないだろう。

## 3. マイクロプラスチックとその流出対策

### 3-1　マイクロプラスチックとその問題点

　海中のプラスチックごみのうち，汚染の原因として特に問題視されているのが「マイクロプラスチック」と呼ばれる 5mm 以下の微細なプラスチックである[19]。マイクロプラスチックは発生源によって「一次マイクロプラスチック（primary microplsatics）」と「二次マイクロプラスチック（secondary microplastics）」の 2 種類に分けられる。

　一次マイクロプラスチックは，製品の原料や製品に配合されるプラスチックを指す。洗顔料や化粧品などに含まれるマイクロビーズ（プラスチック製スクラブ），生理用品や紙おむつに含まれる吸水ポリマー（重合体）などがこれに該当する。また，「レジンペレット」と呼ばれるプラスチック製品の原料となる直径数mmのプラスチック粒も一次マイクロプラスチックである。レジンペレットは運送中や製造過程で環境中に流出することがある。2012 年 7 月，香港でレジンペレットを運ぶコンテナが船から落下する事故があり，その後，海岸にレジンペレットが数 cm の層をなして漂着したことが報告されている[20]。

　他方，二次マイクロプラスチックは，ペットボトルなど元々大きなサイズ

で製造されたプラスチックが，自然環境中で破砕，細分化されて形成される
ものを指す。フリース素材をはじめとした合成繊維の衣服を洗濯した際に衣
服から剥がれ落ちる微小な繊維もこれに含まれる。また，食器洗いなどに使
われるナイロンたわしやアクリルたわし，メラニンスポンジなども使用して
いるうちに摩耗し，その一部が二次マイクロプラスチックとして下水に流れ
出ている。

　これらマイクロプラスチックの多くはポリエチレンやポリプロピレンを素
材としており，海水に浮くという特徴を持っている。そのため，海に流れ出
ると海洋を浮遊，漂流し続け，世界中の海へと広がっていく。近年，世界各
地の海域でマイクロプラスチックの漂流が確認されている[21]。しかし，マイ
クロプラスチックは目に見えないほど微細化してしまう場合もあるため，今
後，観測精度が上がれば，発見されるマイクロプラスチックの数もさらに増
える可能性がある。前出の高田教授は「まだ見つかっていないマイクロプ
ラスチックは海底に沈下，蓄積している」[22] と指摘している。国連環境計画
（United Nations Environment Programme：UNEP）と日本の海洋研究開発
機構が潜水艇を使って調査したところ，地球で最も深いマリアナ海溝の水深
1 万 898m の場所でもプラスチック袋の破片が発見された[23]。

　マイクロプラスチックの海洋流出が問題視されているのは，前述のとおり，
たとえ小さなプラスチック片であったとしても，プラスチックを製造する際
に添加された有害な化学物質が消滅することなく，その中に残存しているか
らである。それに加えて，マイクロプラスチックは海を漂流している間，さ
らに海中の有害物質を吸着してしまうため，マイクロプラスチック自体に含
まれる有害物質と海中から吸着された有害物質も海洋を漂流し，はるか遠く
まで運ばれてしまうのである。

## 3-2　マイクロビーズの流出対策

　マイクロビーズなどの一次マイクロプラスチックは，排水溝等を通じて自
然環境中に流出するが，いったん流出してしまうと回収は極めて困難である。
そのため，一次マイクロプラスチックの流出対策としては，使用を禁止する
など徹底した発生抑制が求められる。以下では，マイクロビーズを中心に各

国の流出対策を見ていくことにする。

　2014年以降，世界各国ではマイクロビーズを使用禁止にする規制や法律が次々に制定されている[24]。たとえば，アメリカでは2014年6月にイリノイ州で2017年12月31日からマイクロビーズを含むパーソナルケア製品の製造を禁止する法律が成立した。2018年12月31日からは販売も禁止となっている。2015年10月にはカリフォルニア州でも同様の法律が成立している。なお，カリフォルニア州の法律では他の同様の規制では代替品として許容されている生分解性マイクロビーズの使用も禁じている。2015年12月にはアメリカ連邦議会で，マイクロビーズ除去海域法（The Microbead-Free Waters Act）が成立している。この法律はマイクロビーズを含むリンスオフ（水で洗い流すことができる）化粧品（歯みがき粉を含む）を禁止している。

　ヨーロッパでも2016年9月にイギリスが化粧品や洗浄剤など衛生商品へのマイクロビーズの使用を2018年から禁止する政策を発表した。フランスも2016年10月に，マイクロビーズを含むリンスオフ化粧品を2018年から禁止するとした。一方，アジアでも2016年8月に台湾がマイクロビーズ入りのパーソナルケア製品について2018年7月から輸入および生産を禁止し，2020年には販売についても禁止すると発表した。2016年9月には韓国も2017年7月からマイクロビーズを含む化粧品の製造と輸入を禁止すると発表している。

　一方，日本ではマイクロビーズを対象とした法規制はないが，業界団体や企業が自主規制を始めている。日本化粧品工業連合会は2016年3月，会員企業約1100社に対し，マイクロビーズの使用中止を求める文書を送った。個別に日本企業の対応を見ると[25]，花王は日本で販売している洗顔料や洗浄料に使用しているスクラブ剤は天然由来の成分を使用しているという。ただし，海外で販売している製品の一部にマイクロビーズに該当する成分を使用していたが，2016年末までにすべて代替素材に切り替えたという。資生堂は2014年4月以降開発した洗浄料にはマイクロビーズを配合していない。既発売の洗浄料については2018年までに代替物質への切り替えを完了させるとしている。また，カネボウも同様に2016年末までに該当製品すべての代替素材への転換を完了しているという。その他，多国籍企業の対応も同様

で，ジョンソン・エンド・ジョンソン，P&G は 2017 年末までにマイクロ
ビーズの使用を中止すると発表している。

## 3-3　使い捨てプラスチック削減の取り組み

　元々大きなサイズで製造されたプラスチックが自然環境中で破砕・細分化
された二次マイクロプラスチックについては，人々がプラスチックの廃棄を
適切に行い，河川や海に流出させないことが大切である。それと同時に，廃
棄されるプラスチックの量そのものを減らすために，使い捨てにされるプラ
スチック製品の利用方法を見直すことも必要である。

　近年，使い捨てプラスチックの削減に向けた取り組みが世界各国で進めら
れている。たとえば，EU（欧州連合）では 2018 年 10 月に議会が EU 市場
全体における使い捨てプラスチック製品を 2021 年から禁止するという規制
案を可決した。規制対象となる使い捨てプラスチック製品は，食器，カトラ
リー（ナイフやフォーク等），ストロー，風船の柄，綿棒である。さらに，
発泡スチロール製の食品容器や石油由来の酸化型生分解性プラスチックも規
制の対象となっている。酸化型生分解性プラスチックは農業用フィルム，レ
ジ袋，食品包装などに使用されている。ただし，代替品が存在しない製品，
たとえば，果実や野菜，サンドイッチ，アイスクリームなどを販売する際に
用いる容器については 2025 年までに少なくとも 25％使用量を削減すること
とされている。

　フランスは 2016 年 8 月に政令を公布し，2020 年以降，使い捨てのプラ
スチック容器について原則使用禁止とすることとした。対象は，主な構成要
素がプラスチックで，使い捨ての想定されているタンブラー，コップ，皿で
ある。イギリス政府も 2018 年 4 月，プラスチックストロー，マドラー，綿
棒の販売を禁止する意向を発表した。施行にあたっては，産業界と連携して
代替製品の開発や法制化への適用に必要な時間を確保する予定である。アメ
リカのニューヨーク市では 2018 年 5 月，市議会に，バー，レストラン，喫
茶店でプラスチックストローとマドラーを使用禁止にする法案が提出された。
なお，使い捨てのレジ袋の使用，公園でのペットボトルの販売はすでに禁止
されている[26]。

新興国の中には，先進国以上に厳格な規制を実施している国もある。たとえば，ケニアは2017年8月に世界で最も厳しいと言われるプラスチック製袋に関する規制を施行した。それは製造，輸入，販売だけでなく，使用も禁止し，違反者には最大4年の禁固刑か，4万米ドルの罰金が科されるというものである。インドでも2018年6月にモディ首相が2022年までに使い捨てプラスチック製品を全廃すると発表していたが，2022年7月以降，規制が厳格化されている。具体的には，スプーン，フォーク，ストロー，コップなどのプラスチック製品は生産や使用が禁止された。ハンバーガーなどを提供するファストフード店では，飲料の容器はコップ本体も蓋も紙製を使うようになり，禁止対象の使い捨てプラスチック製品は身の回りで見かけなくなってきているという[27]。

　企業も使い捨てプラスチック製品の使用削減に向けた自主的な取り組みを進めている。たとえば，マクドナルドでは，2022年10月7日以降，全国の店舗で商品と共に提供しているプラスチック製のストローを紙製に，スプーンやフォークなどを木製に順次切り替えると発表した。これにより年間約900 tのプラスチックを削減できるという[28]。また，スターバックス（Starbucks）は，2022年春から使い捨てのカップ，リッド（蓋），カトラリーの削減を目指す施策の拡大および新素材への切り替えを行っている。具体的には，使い捨てカップ削減のため，店内利用時のアイスビバレッジ（フラペチーノなど）を店内用グラスで提供したり，使い捨てカトラリー削減のため，リユーザブルカトラリーまたは100%植物由来素材のカトラリーを提供したりしている[29]。

　飲食業以外でも，玩具会社のレゴはサトウキビを原料にしたプラスチック玩具を製造すること，アディダスは，2024年までにスニーカーなどに使うポリエステルをすべて再生品に切り替えることを公表している[30]。また，衣料品大手のヘネス・アンド・マウリッツ（H&M）は2018年12月から日本国内の店舗で使用する買い物袋を紙製に切り替え，有料化した。買い物袋ひとつ当たり20円の料金を設定し，製造コストを差し引いた金額を世界自然保護基金（WWF）ジャパンに寄付するという[31]。このように，企業がプラスチック製品の使用を中止したり，代替素材に切り替えたりする動きは世界

中で広がりを見せている。

## 4. 廃プラスチックのリサイクルとその課題

### 4-1　日本における廃プラスチックのリサイクル

　日本で廃棄されたプラスチックは次の 5 種類の方法で処理されている。すなわち，①マテリアルリサイクル，②ケミカルリサイクル，③サーマルリサイクル（エネルギー回収），④単純焼却，⑤埋め立て，である。

　①マテリアルリサイクルは，廃プラスチックをプラスチックのまま原料にして新しい製品にする技術である。主に産業系廃プラスチックがこの方法でリサイクルされてきた。プラスチックの製造，加工や製品の流通段階で排出される産業系廃プラスチックは樹脂の種類がはっきりしていて，汚れや異物が少なく，量的にまとまっているため，マテリアルリサイクルの原料に適している。1995 年に容器包装リサイクル法[32] が施行されてからは，家庭や店舗，事務所から出る一般系廃プラスチックも分別や品質管理が整ってきたことからマテリアルリサイクルの対象となるものが次第に増えてきている。

　②ケミカルリサイクルには次のふたつの方法がある。ひとつは廃プラスチックを化学反応させることで新しいペレット（粒状の原料）をつくり，プラスチック製品として再生する方法である。もうひとつは熱やガスを加え，原料や燃料にする方法である。

　③サーマルリサイクル（エネルギー回収）には，ごみ焼却熱利用，ごみ焼却発電，セメント原・燃料化などの方法がある。このうち，セメント原・燃料化は，廃棄物を発熱量が高く燃焼性のよいセメント焼成用燃料として利用する方法である。

　④単純焼却と⑤埋め立ては環境汚染につながる恐れがあるため，できる限り避けなければならない。

　2021 年における日本の廃プラスチック排出量は 824 万 t であったが，図表 7-2 でそれぞれの処理方法の割合を見ると，③サーマルリサイクル（エ

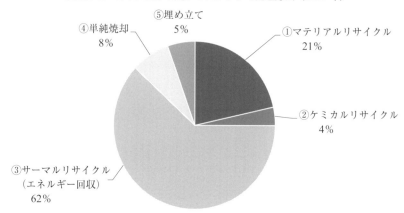

図表 7-2　日本における廃プラスチックの処理方法（2021 年）

出所：一般社団法人プラスチック循環利用協会（2022），p.3 より筆者作成。

ネルギー回収）が最も多く，62％を占めている。しかし，サーマルリサイクルは温室効果をもたらす二酸化炭素や窒素酸化物を発生させるため，国連の基準では「リサイクル」と認められていない[33]。

　次に多いのが①マテリアルリサイクルで全体の 21％を占めている。しかし，図表 7-3 でマテリアルリサイクルの利用先を見ると，国内で輸送用パレット，土木建築用資材，日用雑貨等の再生製品にリサイクルされているのは 22.4％で，廃 PET ボトルから繊維にリサイクルされる 3.6％を合わせても，国内で循環利用されているのはマテリアルリサイクルの中の 26％に過ぎない。他方，マテリアルリサイクルされる廃プラスチックの 74％に当たる 131 万 t は，再生材料やプラ屑として海外へ輸出されている[34]。

　以上のように，日本における廃プラスチックのリサイクルについて見てきたが，環境への負荷をできる限り低減するという意味では，日本で主流となっているサーマルリサイクルは温室効果ガスを発生させるため最適な方法と言えない。また，その次に多いマテリアルリサイクルもその 7 割以上を海外に依存しており，日本の廃プラスチックリサイクルは多くの課題を抱えている。

図表 7-3　マテリアルリサイクルの利用先（2021 年）

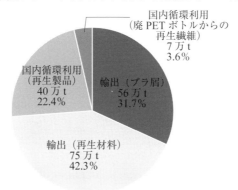

出所：一般社団法人プラスチック循環利用協会（2022），p.5。

## 4-2　中国の廃プラスチック輸入禁止とその影響

　中国は 1980 年代後半から廃プラスチックを輸入し，国内で分別・再加工してきた。石油原料から新たにプラスチックを生産するよりコストが抑えられ，資源やエネルギーが節約できるからである。また，プラスチック樹脂に対する国内需要が供給を上回り続けていたことも理由のひとつである[35]。中国の工場では様々な種類のプラスチックを手作業で分け，高温で溶かし，雑貨や日用品に再生してきた。1992 年の廃プラスチック輸入量は 30.7 万 t であったが，2012 年には 887.8 万 t と 20 年で 30 倍近く増加している[36]。2016 年のデータによると，中国は全世界の廃プラスチックの 56％も輸入していた[37]。

　ところが，2017 年 7 月，中国の国務院は「海外ごみの輸入禁止と固形廃棄物輸入管理制度改革の実施計画」を発表した。この計画には資源ごみ輸入の管理体制強化や密輸取り締まりの厳格化が盛り込まれているが，その中心は生活ごみとして出された廃プラスチックなど固形廃棄物の輸入を 2017 年末から禁止するという点である。資源ごみは汚れた状態で中国に輸出されることも多く，それを分別・洗浄する工程は中国の労働者の健康や環境に悪影響を及ぼしていることが以前から問題になっていた。また，経済発展が進み，

中国国内でも大量の資源ごみが排出されるようになったため，海外から敢えて輸入する必要がなくなったという事情もある。

　中国の貿易統計によると，2016年の中国の廃プラスチック輸入量は734万7200tで，そのうち日本からの輸入が約84万2000tであった。中国の輸入禁止政策によって，それまで日本から中国へ輸出されてきた大量の廃プラスチックが行き場を失うことになった。実際，中国が輸入を禁止した後の2018年1月には，日本の廃プラスチック輸出量がわずか2000tにまで減少している[38]。日本国内の保管場所では処理しきれない廃プラスチックが高く積み上げられる事態となった。

　2018年に入り，中国へ輸出できなくなった廃プラスチックは，東南アジアに輸出されるようになった。2018年1〜3月の廃プラスチック輸入量を見ると，タイでは前年同期比18倍，マレーシアは4倍，ベトナムでは2倍以上に増加した[39]。しかし，これらの国では大量の廃プラスチックを受け入れ，処理する体制が整っているわけではない。その後，現地では焼却処分する際の悪臭や不法な埋め立てなどが社会問題となり，東南アジア諸国でも廃プラスチックの輸入制限・禁止措置がとられるようになった[40]。今後，廃プラスチックを海外に輸出してリサイクルするという方法は難しくなることが予想され，日本は早急に廃プラスチックのリサイクルのあり方を再考しなければならない。

## 5. おわりに

　フランスの経済学者，ジャック・アタリ（Attali, Jacques）は，プラスチックによる海洋汚染問題に日本がどのように対応すべきかと問われて，次のように述べている。すなわち，「日本はリサイクルできないプラスチック製品の利用をやめるために，消費と生産の形態を大きく変えなければならない。これは海に依存する日本のような国にとって死活問題となる。特に，海洋汚染の漁業への影響は深刻だ。（しかし，海洋国家である）日本は世界最先端のモデルになれるはず。海洋汚染への取り組みは将来的に大きな市場になる

ため，日本にとってビジネスチャンスにもなるだろう」[41]と。

　実際，企業はビジネスチャンスをものにしようとすでに動き出している。たとえば，P&Gジャパンは2021年9月から10月にかけて，ヘアケアブランドの「パンテーン」からふたつの新商品を発売した。ひとつはリサイクルがしやすい単一素材でできた「詰め替えエコパウチ」である。一般に，シャンプーや洗剤などの詰め替え用商品のフィルム容器は，複数の種類のプラスチックを何層も重ねたり，アルミを付着させたりして製造されている。しかし，中身の品質保持や耐久性などに優れている半面，素材別に分別するのが難しいため，使い終わった容器はリサイクルが困難であった。今回，発売された詰め替えエコパウチはその課題を克服することに成功している。

　もうひとつは耐久性に優れ，リユース（再使用）に適した「アルミボトル」である。アルミボトルは，従来のプラスチックボトルに比べて劣化しにくく，本体容器として長く使用できる。プラスチックの使用量を大幅に削減できるだけでなく，リユースする期間が長くなることで廃棄されるプラスチックも減少する。プラスチックボトルの商品に比べて価格は割高になるが，2021年1月に販売開始した欧州では高級感のあるデザインが受け入れられており，売り上げは予想を上回るという[42]。日本でも多くの消費者が環境に配慮した商品を選ぶようになっており，各企業は使い捨ての容器などプラスチックごみの削減を強化している。

　一方，生分解性プラスチックの研究開発も新たなビジネスチャンスのひとつである。群馬大学の粕谷健一教授は海底でも分解する，新しいプラスチックを開発している。粕谷教授によると，土壌と比べて海底には微生物の数が少なく，既存の生分解性プラスチックの大半はほとんど分解されないという。そこで，生分解性プラスチックのひとつ「ポリブチレンサクシネート」の骨格内に，硫黄の元素を持つ分子を入れる「ジスルフィド結合」を組み合わせた。酸素が減ると分子同士が切れやすくなる硫黄の性質から，酸素がほぼ存在しない海底ではプラスチックは自発的に裂けていく。分子が切れることで微生物が分解をしやすくなるため，生分解が始まるという仕組みである。実用化が進めば，海洋プラスチックごみ問題解決の一助になると期待される。粕谷教授は「研究を重ね，いずれ製品化を目指したい」[43]と述べている。

化学メーカーも原料に石油を使わず，海でも分解する生分解性プラスチックの開発や量産を進めている。たとえば，株式会社カネカが開発した生分解性バイオポリマーは，植物油などのバイオマスを原料とし，微生物発酵プロセスによって生産されている。自然界の海水や土壌に存在する微生物により分解され，最終的には炭酸ガスと水になる。この素材はすでに各社のストローやスプーン，容器などに採用されており，今後も多くの需要が見込まれる。カネカは新たに約150億円を投資し，生産能力の拡大を予定している[44]。また，三菱ケミカルも2017年5月にタイの合弁会社で年間2万tの大型設備を稼働させ，生産能力を一気に5倍程度に引き上げた。現時点の生産コストは，ポリエチレンなどの汎用素材と比べて数倍高いが，量産が進めば，石油由来プラスチックより安くできる可能性もあるという[45]。このように，従来のプラスチックに代わる素材開発競争は激しさを増している。

　新しい素材の開発が進んでいるとはいえ，使い捨てをやめ，プラスチック排出量を減らすことが最優先であるのは言うまでもない。リサイクルも重要であるが，その過程で温室効果ガスが発生したり，新たなエネルギーが必要になったりしては結局，環境に負荷がかかってしまう。また，リサイクルのためには回収・運搬・仕分けなどの費用も必要になる。したがって，いわゆる3Rでは，第1に「Reduce（削減）」，使用するプラスチックの量を減らすことを考える。第2に「Reuse（再使用）」，そして最後に「Recycle（循環利用）」という優先順位で行動することが重要である。

*本章は，岸脇誠（2019）「プラスチックによる海洋汚染—現状と対策—」『異文化コミュニケーション』11，pp.31-46に加筆，修正を行ったものである。

注
1　G7 (2018), pp.2-3.
2　グリーンピース・インターナショナル，プレスリリース，2018年06月11日，https://www.greenpeace.org/archive-japan/ja/news/press/2018/pr20180611/（最終閲覧日2023年8月19日）。
3　『日本経済新聞』社説，2018年6月20日。

4　枝廣（2019），p.4。

5　World Economic Forum（2016），pp.10-11.

6　Isobe et al.（2015），pp.618-621.

7　『日本経済新聞』2016 年 1 月 12 日。

8　環境省（2021），p.2。

9　World Economic Forum（2016），p.14.

10　モア・フィリップス（2012），p.19。

11　Lebreton et al.（2018），pp.1-15.

12　プラスチックはその種類によって海水中で浮くものと沈むものがあるが，海水中で浮くものの方が量的に多いという。府川（2017），p.19 を参照。

13　Isobe et al.（2017），pp.623-626.

14　高田（2017），p.25。

15　『朝日新聞』2018 年 11 月 20 日。

16　高田（2016a），p.3。

17　高田（2016b），p.21。

18　高田ら（2014），pp.582-586。

19　国連の海洋汚染専門家会議，GESAMP（The Joint Group of Experts on the Scientific Aspects of Marine Environmental Protection）の定義に基づく。

20　日本環境化学会編著（2019），p.57。

21　兼廣（2017），p.79。

22　『いいね』39，p.10。

23　『日本経済新聞』2018 年 7 月 6 日。

24　JFE テクノリサーチ（2017），pp.53-55 を参照。

25　府川（2017），pp.30-33；三菱化学テクノリサーチ（2017），pp.26-35 を参照。

26　環境省（2018），p.17 を参照。

27　広木（2023）を参照。

28　日本マクドナルド，ニュースリリース，2022 年 10 月 4 日，https://www.mcdonalds.co.jp/company/news/2022/1004a/（最終閲覧日 2023 年 8 月 19 日）。

29　スターバックスコーヒー・ジャパン，プレスリリース，2022 年 3 月 17 日，https://www.starbucks.co.jp/press_release/pr2022-4613.php（最終閲覧日 2023 年 8 月 19 日）。

30　『日本経済新聞』2018 年 8 月 29 日夕刊。

31　H&M JAPAN，ニュースルーム，https://about.hm.com/ja_jp/news/general-news-2018/hm_paperbag.html（最終閲覧日 2023 年 8 月 19 日）。

32　正式名称は「容器包装に係る分別収集及び再商品化の促進等に関する法律」である。

33　高田（2016a），p.4 を参照。

34　一般社団法人プラスチック循環利用協会（2022），p.5。

35　藤井（2010），pp.135-136。

36　小島（2018），p.50。

37　石丸（2018），pp.45-46。

38　以上のデータは楢橋（2018）を参照。

39　『日本経済新聞』2018 年 7 月 5 日夕刊。

40　渡邉（2018）を参照。

41　アタリ（2018），p.49。ただし，一部，引用者が補筆。

42　P&G ジャパンの田中康之執行役員による。相馬（2021）を参照。

43　『上毛新聞』2023 年 4 月 3 日。

44　カネカ，ニュースリリース，2022 年 2 月 7 日，https://www.kaneka.co.jp/topics/news/
　　2022/nr2202071.html（最終閲覧日 2023 年 8 月 19 日）。

45　三菱ケミカルの藤森義啓サステイナブルリソース本部長による。吉岡（2018）を
　　参照。

## 参考文献

アタリ，ジャック（2018）「海洋汚染は日本にとって死活問題だが，商機にもなる」『週
　　刊東洋経済』6823。

石丸美奈（2018）「地球環境とプラスチック廃棄物―海洋プラスチックごみ問題と中国
　　での資源ごみ輸入禁止の波紋―」『共済総研レポート』158。

一般社団法人プラスチック循環利用協会（2022）『2021 年プラスチック製品の生産・廃
　　棄・再資源化・処理処分の状況―マテリアルフロー図―』。

枝廣淳子（2019）『プラスチック汚染とは何か』岩波書店。

兼廣春之（2017）「マイクロプラスチックによる海洋汚染―生態系への影響―」『循環
　　とくらし』7。

環境省（2018）「プラスチックを取り巻く国内外の状況〈参考資料集〉」，2018 年 11 月
　　19 日，https://www.env.go.jp/press/files/jp/110267.pdf（最終閲覧日 2023 年 8 月 19 日）。

環境省（2021）「（別添 1）令和元年度海洋ごみ調査の結果について」，2021 年 3 月 30
　　日，https://www.env.go.jp/content/900517319.pdf（最終閲覧日 2023 年 8 月 19 日）。

『いいね』39 号（『月刊クーヨン』10 月号増刊），2018 年 9 月。

小島道一（2018）『リサイクルと世界経済』中央公論新社。

JFE テクノリサーチ（2017）『平成 28 年度化学物質安全対策（マイクロプラスチック
　　国内排出実態調査）報告書』。

相馬隆宏（2021）「P&G や積水化学，「循環」で売る―サプライチェーンの上流から下
　　流まで―」日経 ESG，2021 年 11 月 22 日，https://project.nikkeibp.co.jp/ESG/atcl/
　　column/00005/111500141/（最終閲覧日 2023 年 8 月 19 日）。

高田秀重（2016a）「マイクロプラスチックによる海洋汚染の実態とその対策」NPO 法

人ごみ・環境ビジョン 21『ごみっと・SUN』117。

高田秀重（2016b）「海洋プラスチックの生物への影響」『国民生活』2016 年 7 月号。

高田秀重（2017）「マイクロプラスチック汚染の現状と国際動向・対策」『環境管理』
　53（9）。

高田秀重・田中厚資・青木千佳子・市川馨子・山下麗（2014）「プラスチックが媒介す
　る有害化学物質の海洋生物への曝露と移行」『海洋と生物』36（6）。

楢橋広基（2018）地域・分析レポート「迷える資源ごみはどこへ行く（中国）——一部
　資源ごみ輸入禁止を受けて—」日本貿易振興機構（ジェトロ），2018 年 4 月 11 日，
　https://www.jetro.go.jp/biz/areareports/2018/013284e98573d0f8.html（最終閲覧日 2023
　年 8 月 19 日）。

日本環境化学会編著（2019）『地球をめぐる不都合な物質—拡散する化学物質がもたら
　すもの—』講談社。

広木拓（2023）地域・分析レポート「インド社会への浸透が図られるプラスチック廃
　棄物管理規則（インド）—規制強化から半年経過—」日本貿易振興機構（ジェトロ），
　2023 年 1 月 13 日，https://www.jetro.go.jp/biz/areareports/2023/1333e1c4b10a64a7.
　html（最終閲覧日 2023 年 8 月 19 日）。

府川伊三郎（2017）「海洋プラスチックごみとマイクロプラスチック（上）」『ARC レ
　ポート』，https://arc.asahi-kasei.co.jp/report/arc_report/pdf/rs-1019.pdf（最終閲覧日
　2023 年 8 月 19 日）。

藤井洋次（2010）「世界の再生資源貿易の現状—中国の再生資源輸入を中心に—」『関
　東学院大学経済経営研究所年報』32。

三菱化学テクノリサーチ（2017）『平成 28 年度国内外におけるマイクロビーズの流通
　実態等に係る調査業務報告書』2017 年 3 月，https://www.env.go.jp/content/900543574.
　pdf（最終閲覧日 2023 年 8 月 19 日）。

モア，チャールズ・フィリップス，カッサンドラ著，海輪由香子訳（2012）『プラスチッ
　クスープの海—北太平洋巨大ごみベルトは警告する—』NHK 出版。

吉岡陽（2018）トレンド・ボックス「海水中の微生物が丸ごと分解するプラ新素材—マ
　イクロプラスチック対策にビジネスチャンス—」日経ビジネス，2018 年 12 月 20 日，
　https://business.nikkei.com/article/report/20120118/226265/101200026/?P=3（最終閲
　覧日 2023 年 8 月 19 日）。

渡邉敬士（2018）地域・分析レポート「東南アジアでも廃プラスチックの輸入禁止へ
　—使い捨てプラ製品の利用禁止も相次ぐ—」日本貿易振興機構（ジェトロ），2018 年
　10 月 4 日，https://www.jetro.go.jp/biz/areareports/2018/87f587bf7c717578.html（最
　終閲覧日 2023 年 8 月 19 日）。

G7（2018），*Ocean Plastics Charter*, https://www.consilium.europa.eu/media/40516/
　charlevoix_oceans_plastic_charter_en.pdf（最終閲覧日 2023 年 8 月 19 日）。

Isobe, A., Uchida, K., Tokai, T., Iwasaki, S. (2015) "East Asian seas: A hot spot of pelagic microplastics," *Marine Pollution Bulletin*, 101(2).

Isobe, A., Uchiyama-Matsumoto, K., Uchida, K., Tokai, T. (2017) "Microplastics in the Southern Ocean," *Marine Pollution Bulletin,* 114(1).

Lebreton, L., Slat, B., Ferrari, F., Sainte-Rose, B., Aitken, J., Marthouse, R., Hajbane, S., Cunsolo, S., Schwarz, A., Levivier, A., Noble, K., Debeljak, P., Maral, H., Schoeneich-Argent, R., Brambini, R., & Reisser, J. (2018), "Evidence that the Great Pacific Garbage Patch is rapidly accumulating plastic," *Scientific Reports*, 8, Article number: 4666.

UNEP (2018), *SINGLE -USE PLASTICS: A Roadmap for Sustainability*, United Nations Environment Programme.

World Economic Forum (2016), *The New Plastics Economy: Rethinking the future of plastics*, January 2016.

# あとがき

　数年前まではフェアトレードのサークルの顧問だと言っても，それは何を
するサークルですかと質問されることが多かったが，最近ではそのような質
問はあまりされなくなった。むしろフェアトレードのサークルでどのような
具体的な活動をされていますか，どのようなフェアトレード商品を扱って
いますか，と聞かれることが多くなった。大学のフェアトレードサークル
「フェアスマイル」は私が2015年に神戸学院大学に着任してからつくった
サークルである。前任校の神戸国際大学ではフェアクローバーというクラブ
がオープンキャンパスでも大学祭でも活躍していた。そこで私はフェアト
レードの活動に初めて出会ったのである。フェアトレードのコーヒー，紅茶，
カレーをはじめ，クッキー，チョコレートなどの菓子類，バッグ，ショール，
髪留めなどのファッション製品もその時に知った。また，フェアトレード商
品を販売している会社も当時の神戸国際大学の学生から紹介してもらい，実
際に神戸三宮や元町にある店舗にも連れて行ってもらった。そのうちに私自
身が商品に関心を抱くようになってきた頃，世の中にもフェアトレード商品
が普及しはじめ，通信販売でも手に入れられるようになった。本書の「はじ
めに」で示したように消費はよりエシカルに，マーケティングもソーシャ
ル・マーケティングへの流れが感じられる時代になったのである。

　さて，本書を執筆するにあたり，大きな環境問題や貿易に対する経済的な
視点からの第1章と第7章を大阪国際大学の岸脇誠先生に執筆依頼させて
いただいた。多忙な岸脇先生にはやっかいな依頼であったと思うが，長年，

国際貿易，国際経済の研究をされてこられた先生にご依頼することが最善であると判断したからである。本書において第1章を岸脇先生が執筆されることで，具体的なフェアトレードの各章を俯瞰的な視点で理解することができると思う。また，最後の第7章はエシカル消費が将来はどの方向に進むのかの具体例になっている。第2章から第6章までで，フェアトレードを公平でお互いを尊重する取引だと解釈してきたが，それは人と人との間だけの問題ではない。人と自然との間においても，尊重する気持ちが必要である。プラスチックを代表とする海洋汚染は人が海と海に生息する生き物に対して尊重する気持ちがないことのあらわれである。環境問題として受け止めるだけではなく，そこにエシカルな消費という視点で今後は考えてみてほしいと思う。そのために第7章は未来の消費を考える糸口の章である。要となる最初の第1章と最後の第7章を担当して下さった岸脇先生には心から感謝申し上げる。

また，いつも出版に関して心よく引き受けて下さる白桃書房社長の大矢栄一郎氏，そして具体的なアドバイスなどもして頂いた平千枝子氏と金子歓子氏にはこの場をお借りしてお礼申し上げる。

最後に，私のゼミナールの学生諸氏にも心から感謝をしたい。

教員と学生という立場であっても共にフェアトレードの活動をはじめアクティブラーニングをしている彼らとは「仲間」である。彼らの感性から学ぶことは多く，新しい時流にも気づかせてくれる。そしてそのことが，彼らの未来に少しでも役立つような研究をこれからも続けていきたいと思える，私の原動力になっている。

2023 年 7 月

著者を代表して 辻 幸恵

# 索　引

【著者紹介】

辻　幸恵（つじ・ゆきえ）------------ はじめに，第2-6章，あとがき
神戸学院大学経営学部　教授　（博士・家政学／武庫川女子大学）
主な著作：
　『持続可能な社会のマーケティング』嵯峨野書院，2020年
　『リサーチ・ビジョン―マーケティング・リサーチの実際―』白桃書房，2016年
　『こだわりと日本人―若者の新生活感：選択基準と購買行動―』白桃書房，2013年
　『京都とブランド―京ブランド解明・学生の視点―』白桃書房，2008年
　『流行と日本人―若者の購買行動とファッション・マーケティング―』白桃書房，2001年

岸脇　誠（きしわき・まこと）---------- 第1章，第7章
大阪国際大学国際教養学部　准教授　（博士・経済学／大阪市立大学大学院）
主な著作：
　「マレーシア―IMFとブミプトラ政策のはざまで―」西口章雄・朴一編『転換期のアジ
　　ア経済を学ぶ人のために』世界思想社，2000年
　「プラスチックによる海洋汚染―現状と対策―」『異文化コミュニケーション研究』11，
　　2019年
　「食品廃棄物の発生抑制と再生利用―外食産業を中心に―」『異文化コミュニケーション
　　研究』10，2018年

■ 持続可能な社会のための消費者行動　　〈検印省略〉

■ 発行日――2023年9月26日　初版発行

■ 著　者――辻 幸恵・岸脇 誠

■ 発行者――大矢栄一郎

■ 発行所――株式会社 白桃書房
　　　　　　〒101-0021　東京都千代田区外神田5-1-15
　　　　　　☎03-3836-4781　📠03-3836-9370　振替 00100-4-20192
　　　　　　https://www.hakutou.co.jp/

■ 印刷・製本――三和印刷株式会社

# 好 評 書

辻 幸恵【著】
## リサーチ・ビジョン
定価 2,750 円
―マーケティング・リサーチの実際

辻 幸恵【著】
## 流行と日本人
定価 2,420 円
―若者の購買行動とファッション・マーケティング

辻 幸恵【著】
## こだわりと日本人
定価 3,080 円
―若者の新生活感：選択基準と購買行動

辻 幸恵【著】
## 京都とブランド
定価 3,080 円
―京ブランド解明・学生の視点

辻 幸恵・梅村 修【著】
## アート・マーケティング
定価 3,080 円

滋野英憲・辻 幸恵・松田 優【著】
## マーケティング講義ノート
定価 2,860 円

東京　白桃書房　神田
本広告の価格は定価です。消費税（10%）を含みます。